IVAN MARQUES

para amar Graciliano

COMO DESCOBRIR E APRECIAR OS ASPECTOS
MAIS INOVADORES DE SUA OBRA

COPYRIGHT © FARO EDITORIAL, 2017

Todos os direitos reservados.
Nenhuma parte deste livro pode ser reproduzida sob quaisquer meios existentes sem autorização por escrito do editor.

Diretor editorial **PEDRO ALMEIDA**
Preparação **CARLA BITELLI**
Revisão **GABRIELA DE AVILA E ANA UCHOA**
Capa e diagramação **OSMANE GARCIA FILHO**
Ilustração Graciliano **ANDRE BDOIS**

Dados Internacionais de Catalogação na Publicação (CIP)
(Câmara Brasileira do Livro, SP, Brasil)

Marques, Ivan
    Para amar Graciliano : como descobrir e apreciar os aspectos mais inovadores de sua obra / Ivan Marques. — 1. ed. — Barueri, SP : Faro Editorial, 2017.

    Bibliografia
    ISBN: 978-85-9581-001-3

    1. Escritores - Brasil 2. Literatura brasileira 3. Ramos, Graciliano, 1892-1953 - Crítica e interpretação I. Título.

17-05708   CDD-868.98

Índice para catálogo sistemático:
1. Escritoras brasileiras : Análise crítica : Literatura brasileira 869.98

1ª edição brasileira: 2017
Direitos de edição em língua portuguesa, para o Brasil, adquiridos por FARO EDITORIAL

Alameda Madeira, 162 — Sala 1702
Alphaville — Barueri — SP — Brasil
CEP: 06454-010 — Tel.: +55 11 4196-6699
www.faroeditorial.com.br

SUMÁRIO

Introdução **7**

1 O estilo é o homem **13**

2 Biografia e carreira literária **21**

3 Visão geral da obra: ficção e confissão **29**

4 Metalinguagem: o livro dentro do livro **39**

5 "Dois capítulos perdidos":
o narrador não confiável **49**

6 *Vidas secas*: "romance desmontável"? **59**

7 Graciliano Ramos e João Cabral de Melo Neto **71**

8 Monólogo interior em *São Bernardo* e *Angústia* **85**

9 Fracasso e decadência: o lugar do intelectual **99**

10 Violência e ressentimento **111**

11 A representação da mulher **127**

12 Realismo crítico **139**

Notas **155**
Referências bibliográficas **167**

INTRODUÇÃO

A obra de Graciliano Ramos existe há oitenta anos e não para de atrair novos leitores. Para quem gosta de boa literatura, é fonte de permanente fascínio. Enquanto tantos escritores de renome vão sendo infelizmente esquecidos, Graciliano é cada dia mais lido e admirado, em especial pelas novas gerações. Não é só um monumento de pedra das letras nacionais, mas uma força viva, incômoda, áspera como um sol estridente, que toca de maneira profunda os leitores.

Clássico da literatura, conhecido e admirado dentro e fora de seu país, Graciliano também se tornou uma das bases da nossa cultura moderna. E curiosamente só escreveu quatro romances, muito diferentes entre si — *Caetés*, *São Bernardo*, *Angústia* e *Vidas secas*. Todos foram publicados na década de 1930, época de efervescência cultural e política, atravessada por diversas "revoluções", das quais o escritor, mesmo quando era simpatizante, manteve sua peculiar distância. Se não foi propriamente um "modernista", como Mário ou Oswald de Andrade, é justo considerá-lo um dos maiores escritores "modernos" do país, podendo ser comparado não só a Machado de Assis mas também a grandes inovadores da ficção universal.

Graciliano Ramos pertence à linhagem dos "bichos do subterrâneo", conforme sugeriu o crítico Antonio Candido. Quando publicou *São Bernardo*, foi chamado de "Dostoiévski dos trópicos", rótulo que provocou um comentário jocoso do escritor, em carta à sua mulher Heloísa: "Levante-se e cumprimente. Uma espécie de Dostoiévski cambembe, está ouvindo?".[1]

Outras comparações também foram feitas. Para muitos leitores, sua obra lembra as alegorias de Kafka com seus anti-heróis destinados ao fracasso, o "teatro do absurdo" de Beckett ou o pensamento filosófico de Heidegger, Sartre, Camus, autores que também não veem saídas para a existência (do último, Graciliano traduziu, em 1950, *A peste*).

Na literatura moderna, o leitor já não dispõe da segurança que, no passado, lhe era dada pelo narrador onisciente. Em *Angústia*, por exemplo, o enredo e os próprios contornos da realidade se dissolvem numa narrativa fragmentada que procura manifestar o fluxo da consciência e o monólogo interior do personagem. Nos anos 1930, a técnica era ainda novíssima, especialmente no Brasil, o que comprova não só a atualização do escritor alagoano como também o seu gosto pela experimentação.

Entretanto, o fato de dominar técnicas e explorar temas universais não torna a obra de Graciliano menos enraizada no Brasil. Diferentemente de Machado de Assis, que, em seu tempo, foi acusado de ser pouco nacional, o escritor nordestino foi desde sempre apontado como brasileiro tanto no espírito quanto na forma. Não apenas por ter feito literatura regionalista ou realizado pesquisas de linguagem, incorporando em sua escrita sempre equilibrada ("clássica") particularidades da fala coloquial e rústica — tal como fizeram José

INTRODUÇÃO

de Alencar, Mário de Andrade e Guimarães Rosa —, mas também porque se preocupou, enquanto escritor realista e engajado, em investigar criticamente, longe de qualquer concessão patriótica, a matéria social de seu país.

Há motivos de sobra para ler e reler Graciliano. Para essa experiência sempre desafiadora e cheia de surpresas, este livro oferece uma série de indicações importantes. Além de apresentar e discutir os principais temas do escritor, põe em evidência o rigoroso trabalho com a linguagem e as experimentações levadas a cabo na composição dos romances. Revela a agudeza de seu espírito crítico, que se revolta contra todas as idealizações, seja na compreensão de impasses do homem moderno, seja na reflexão sobre particularidades da sociedade brasileira.

Nos três capítulos iniciais o leitor encontra um breve perfil biográfico e uma visão panorâmica da literatura de Graciliano Ramos. Como ele mesmo escreveu, "só conseguimos deitar no papel os nossos sentimentos, a nossa vida. Arte é sangue, é carne. Além disso não há nada".[2] Vale a pena, então, observar as estreitas relações entre vida e obra: a constante projeção na obra ficcional de fatos e figuras da vida real (como é o caso da prisão de Graciliano, em 1936, ou das inúmeras lembranças de sua infância que se introduzem na história dos personagens), bem como a correspondência entre a personalidade do escritor (seco, desconfiado, avesso a exageros e sentimentalismos) e os aspectos essenciais de seu estilo literário.

Em seguida, o leitor é convidado a perceber a complexidade dos elementos que compõem a forma moderna dos romances: a **"construção em abismo"** (o livro escrito pelo protagonista dentro do livro), as implicações da **narração em primeira pessoa**, a **fragmentação do enredo**, a **reiteração da estrutura circular**, o **fluxo da**

consciência e a consequente **deformação da realidade**. Aqui é posto igualmente em revelo o trabalho com a **linguagem, sempre concisa** e disciplinada, que tanto impressionou outros artistas da palavra, especialmente o poeta João Cabral de Melo Neto. Na reflexão sobre a forma, desponta a contradição, que também é analisada, entre as duas faces de Graciliano, a clássica e a moderna — uma tendendo à clareza da objetividade, a outra aos recintos escuros da mente humana.

Finalmente, o livro discute o "realismo crítico" presente em Graciliano Ramos. **Os temas sociais** de sua obra (a violência do poder, a opressão dos mais fracos, a ruína da aristocracia rural, a oposição entre campo e cidade, o lugar incerto dos intelectuais, os novos papéis da mulher) são examinados nos últimos capítulos. À vigilante **perspectiva realista**, presente na abordagem de qualquer assunto, associa-se o implacável pessimismo do escritor. Nas palavras do crítico Otto Maria Carpeaux, "mais do que Machado de Assis, que sabia disfarçar, é Graciliano Ramos o maior pessimista desta literatura de pessimistas que é a brasileira".[3]

As reflexões têm por base a ficção produzida pelo autor, com ênfase em seus três principais romances: *São Bernardo*, *Angústia* e *Vidas secas*. Como as obras são muito distintas, elas oferecem um riquíssimo material para a compreensão da arte literária de Graciliano. Também são feitas inúmeras referências às obras memorialísticas, *Infância* e *Memórias do cárcere*, bem como às cartas e aos ensaios críticos produzidos pelo escritor. Os depoimentos esclarecem muitos pontos da criação e, por essa razão, são bastante utilizados. A mesma observação deve ser feita sobre a fortuna crítica, cujo apoio é fundamental. Graciliano é um dos autores mais analisados da literatura brasileira e, sem ter em vista esses trabalhos, dificilmente o leitor compreenderá a riqueza de sua obra.

INTRODUÇÃO

O livro foi escrito com olhar aberto e visando à comunicação desembaraçada que, afinal de contas, era o principal objetivo do escritor. Que estas páginas ajudem, para além dos limites da sala de aula, a formar novos leitores e também a ampliar o prazer daqueles que já amam Graciliano.

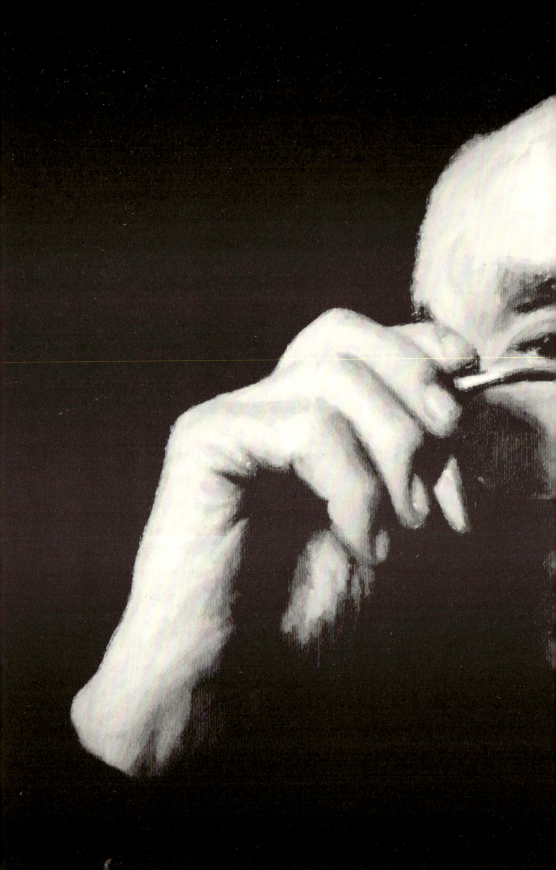

1
O ESTILO É O HOMEM

ÉTICA E ESTÉTICA EM GRACILIANO RAMOS

Dostoiévski, Kafka, Borges, Machado, Clarice, Guimarães Rosa... Todo escritor, para ser realmente grande, terá de possuir a sua própria "língua", única e inconfundível. Essa língua, que difere da linguagem falada e dos idiomas de outros escritores, é o seu estilo.

Em sua etimologia latina, *estilo* se refere ao instrumento da escrita (em francês, caneta se diz *stylo*) e também ao modo de escrever ou de exprimir-se. Usada em todas as artes, a palavra define um conjunto de traços, relativos tanto à forma como ao conteúdo, que particularizam uma época, um grupo, um indivíduo, uma obra. Estilizar significa dar estilo, isto é, criar a forma estética.

Na admirável literatura de Graciliano Ramos, a crítica sempre enalteceu "a força de seu estilo". No dicionário Houaiss, o "estilo de Graciliano Ramos", ao lado do "estilo neoclássico", não por acaso, figura entre os exemplos de utilização corrente do termo. Por que o modo de escrever do autor de *São Bernardo* se tornou tão reconhecido e reverenciado? De que recursos ele lança mão e para que os emprega? Quais são os traços marcantes de sua pena afiada e de sua língua ao mesmo tempo clássica e moderna?

O que mais impressiona o leitor de Graciliano não é a sua imaginação ou as histórias narradas, mas a maneira como ele as conta, o seu estilo. Para identificá-lo, os críticos costumam usar dois adjetivos: seco e cortante. Esses seriam os aspectos centrais, nucleares, da sua linguagem literária. Daí as imagens do sol e da faca ressaltadas por João Cabral de Melo Neto em seu célebre poema-homenagem ao escritor alagoano:

> Falo somente com o que falo:
> com as mesmas vinte palavras
> girando ao redor do sol
> que as limpa do que não é faca [...][1]

A secura do sol e o corte da faca indicam precisamente os valores da economia verbal e da contenção estilística. A ideia é clara: quanto mais enxuto, mais áspero e contundente se torna o texto. A respeito da obra de Graciliano, o poeta e crítico Haroldo de Campos usou a expressão "estilo pobre". Em sintonia com a matéria pobre focalizada em obras como *Vidas secas*, o romancista teria concebido um "estilo magro", inteiramente distinto da oratória e da falsidade dos discursos opulentos.[2] Aqui o estilo seria o contrário da elegância. Forma e fundo estariam interligados: dobrando a matéria, a linguagem se faz ainda mais realista.

Desnecessário lembrar que a ideia de pobreza precisa ser relativizada. Diante do apuro formal e da riqueza linguística que Graciliano acumulou tanto a partir de leituras (inclusive a dos dicionários, obstinadamente frequentados) como por meio de conversas com a gente do povo, em pesquisas semelhantes às de Mário de Andrade e Guimarães Rosa, fica difícil falar em "estilo pobre".

O resultado da concisão não é propriamente a pobreza, mas o embrutecimento da linguagem, que, por sua vez, espelha a degradação do mundo observado. "O estilo de Graciliano Ramos, nada retórico e avesso ao lirismo, baseando em certo embrutecimento a sua força",[3] conforme observou Osman Lins, foi talhado para expressar a rude condição de seus personagens.

Misturam-se, portanto, a ética e a estética, o sentimento do mundo e a maneira de vazá-lo, a linguagem e o universo ao qual ela dá forma. O estilo não define apenas a escrita, mas também o escritor.

"O estilo é o próprio homem", escreveu no século XVIII o Conde de Buffon. Na época do Romantismo, a frase foi lida como alusão à existência do indivíduo criador, do gênio pessoal e insubstituível. No Brasil, ainda no século XIX, ao comentar "o estilo de Machado de Assis" — rotulado como trôpego, escrita que gagueja, "perpétuo tartamudear" —, o crítico Sílvio Romero considerou-o "a fotografia exata do seu espírito e de sua índole psicológica indecisa".[4]

Na literatura brasileira, porém, quem mais se aproxima da célebre (e imprecisa) formulação de Buffon é mesmo Graciliano Ramos. Sua figura esguia e descarnada, seu temperamento árido, avesso a sentimentalismos, e sua visão de mundo desencantada parecem confirmar, paralelamente ao isomorfismo entre linguagem e matéria, a homologia entre criador e criação.

Para Buffon, o estilo se define não pelo caráter literário, mas pela relação harmônica entre forma e conteúdo.[5] De maneira semelhante, como também notou Osman Lins, o que importa em Graciliano é menos a elegância do que a eficiência do discurso literário.

Nas páginas iniciais de *São Bernardo*, sua primeira obra-prima, encontramos a perfeita demonstração de que "o estilo é o homem". Os dois capítulos iniciais tratam da escrita do livro, que é narrado em primeira pessoa. O fazendeiro Paulo Honório, depois de tentar escrevê-lo com a ajuda de amigos, seguindo o método capitalista da "divisão do trabalho", resolve ele mesmo contar sua história, valendo-se dos próprios recursos.

Nesses primeiros parágrafos da obra, trava-se um verdadeiro debate literário: o narrador não aceita a colaboração do jornalista Azevedo Gondim: "Vá para o inferno, Gondim. Você acanalhou o troço. Está pernóstico, está safado, está idiota. Há lá ninguém que fale dessa forma![6]". O jornalista então alega que "um artista não pode escrever como fala[7]" e que "a literatura é a literatura[8]". Está selado o desentendimento. Sem prolongar a discussão, Paulo Honório prefere voltar a sua atenção para os bois da fazenda. Dias depois, movido pela escuta de um "pio de coruja", associado à lembrança de Madalena, sua mulher, resolve iniciar sozinho a composição do livro.

Entre as funções desses dois importantes capítulos, que o narrador ironicamente considera perdidos, está a apresentação em ato do narrador-protagonista. Paulo Honório é um homem objetivo, enérgico, dinâmico e dominador. Tais características não são simplesmente atribuídas a ele, são demonstradas por suas ações e sobretudo pelo modo como ele as transmite ao leitor. O estilo é seco, direto e brutal. E o fazendeiro, como observou João Luiz Lafetá, "à imagem de seu estilo, é direto e sem rodeios, concentrado sobre si mesmo e sobre seu trabalho, decidido, brusco".[9]

No decorrer da narrativa, também pela observação do estilo, que sofrerá alterações, será possível ao leitor perceber as mudanças decisivas que a presença de Madalena impõe ao protagonista. Nos últimos capítulos, o mundo foge ao seu controle: "E os meus passos me levavam para os quartos, como se procurassem alguém[10]". Com a perda da objetividade épica, própria do homem de ação, a escrita se tinge de lirismo: "o estilo revela a impotência do herói".[11]

Inicialmente, o narrador-protagonista não vacila nem problematiza — e o estilo segue em linha reta, preciso e objetivo. Depois, surgem as dúvidas, os ciúmes, os sobressaltos — e o estilo se modifica para dar forma às inquietações do sujeito.

Diversos críticos estranharam que o fazendeiro rústico, de mãos calosas, pudesse se transformar em escritor denso e refinado. Álvaro Lins foi um dos primeiros a apontar na obra de Graciliano o problema da inverossimilhança. Segundo o crítico, haveria um forte contraste entre o livro e seu imaginário escritor. O personagem não poderia ostentar a vida interior e os requintes da arte literária que lhe foram atribuídos pelo romancista.[12]

Pautada nos modelos do realismo tradicional, a cobrança de Álvaro Lins é que soa excessiva e despropositada. O artifício empregado por Graciliano não desfaz a verossimilhança. Se um homem rude não pode escrever um livro, o que dizer de um "autor defunto" como o narrador-protagonista de *Memórias póstumas de Brás Cubas*?

Ainda hoje, subsiste em muitos leitores certa incompreensão em relação aos procedimentos da ficção moderna. Recentemente, em uma resenha do romance *Leite derramado*, de Chico Buarque, um crítico julgou inconvincente a situação narrativa do "autor decrépito". Como a história delirante do velho protagonista teria se transformado em relato e o relato em texto? A mesma pergunta poderia ter sido feita, com bastante ingenuidade, a Machado: quem teria imprimido as memórias póstumas? De que maneira o relato de um defunto pôde se fixar em papel?

Para o romance moderno, que frequentemente abre mão do enredo, pouco importa a verossimilhança. Mas Graciliano, em cuja modernidade estavam ainda bastante vivas as inclinações da tradição realista, não chegou a descartá-la. Em *São Bernardo*, há verossimilhança de sobra. Nas palavras de Osman Lins, Graciliano desejou "imitar a escrita possível de um homem inculto e ríspido", tendo convertido a imitação "em um dos feitos mais bem-sucedidos da nossa literatura".[13]

Não há elegância, refinamento ou virtudes literárias convencionais na escrita de Paulo Honório. Ao contrário, a linguagem é áspera e até mesmo desagradável. O estilo é o homem: o modo de escrever revela o modo de ser. É confissão direta, tornando o relato ainda mais dramático:

> Continuemos. Tenciono contar a minha história. Talvez deixe de mencionar particularidades úteis, que me pareçam acessórias e dispensáveis. Também pode ser que, habituado a tratar com matutos, não confie suficientemente na compreensão dos leitores e repita passagens insignificantes. De resto isto vai arranjado sem nenhuma ordem, como se vê. Não importa. Na opinião dos caboclos que me servem, todo o caminho dá na venda.[14]

A escolha da situação narrativa em *São Bernardo* está ligada ao projeto de criação de uma literatura em língua brasileira — a escrita em acordo com a fala —, pesquisada por Graciliano entre os caboclos do Nordeste. Ao mesmo tempo, dar voz a Paulo Honório significa tornar natural (e não apenas verossímil) a maneira cortante, seca, só lâmina, que se tornou a marca registrada do escritor. Por meio dela, realiza ainda seu outro grande intento, que é refletir em profundidade, com engajamento, mas sem autocomplacência, sobre a violência constitutiva de formações sociais atrasadas como a nossa — violência transformada em estilo.

2
BIOGRAFIA E CARREIRA LITERÁRIA

A INFÂNCIA, A VIDA NO SERTÃO, A PRISÃO E OS PRINCIPAIS ACONTECIMENTOS DA VIDA DE GRACILIANO; O IMPACTO DO ESCRITOR NA LITERATURA BRASILEIRA

Da ótima safra de romancistas que estreou na década de 1930, dando continuidade à efervescente fase literária iniciada com o movimento modernista de 1922, Graciliano Ramos é merecidamente apontado como o ponto mais alto, a figura mais importante. Sua obra, porém, ao contrário da que foi produzida por seus companheiros, é relativamente pequena: apenas quatro romances, publicados em apenas seis anos: *Caetés* (1933), *São Bernardo* (1934), *Angústia* (1936) e *Vidas secas* (1938). A partir da década de 1940 e até a morte do escritor, sua atividade literária se dispersou por outros gêneros e acabou por se concentrar no memorialismo, com a produção de dois livros fundamentais: *Infância* (1945) e *Memórias do cárcere* (1953).

Naqueles quatro romances (bem mais magros que os alentados volumes comuns daquela geração), está contida toda a obra romanesca de Graciliano Ramos. Essa obra, por sua vez, exibe o rastro das diversas experiências e alguns dos melhores resultados da ficção brasileira do decênio de 1930. Nela se misturam as tendências que pareciam antagônicas: o romance regional — social, proletário, de esquerda — e o romance psicológico — intimista e injustamente tachado de conservador.

Segundo a boa lição de Antonio Candido, autor do clássico *Formação da literatura brasileira*, os grandes escritores pressupõem atrás de si a existência da tradição, mas são grandes apenas na medida em que se desvinculam dessa tradição. Tal fenômeno teria ocorrido com Machado de Assis, que soube incorporar e, ato contínuo, ultrapassar as experiências romanescas de Joaquim Manuel de Macedo e José de Alencar, compondo a ficção mais madura do nosso século XIX.

Herdeiro de Machado de Assis em tantos aspectos, Graciliano Ramos é também um ponto de síntese e de convergência. Ao mesmo tempo, distancia-se enormemente das principais tendências de sua época. De um lado, recusa a experimentação linguística e o nacionalismo do movimento modernista. De outro, rejeita a ideologia e a estética do regionalismo, a pesquisa da cultura popular e o interesse pela sociedade patriarcal, que marcaram os escritores nordestinos da década de 1930.

Enquanto José Lins do Rego esteve bastante próximo da sociologia de Gilberto Freyre, traduzindo-a em versão ficcional, o autor de *Vidas secas* procurou outro ponto de vista, distinto da perspectiva senhorial da casa grande. Diferentemente de Jorge Amado, que em sua militância política abraçou as diretrizes do chamado "realismo socialista", Graciliano optou pelo "realismo crítico", que reflete com distanciamento sobre a sociedade brasileira, para além das boas intenções da literatura engajada. Assim, sem as simplificações comuns em José Lins do Rego ou Jorge Amado, sua obra é sofisticada, de extração erudita, e transpõe para o solo nordestino as inovações do moderno romance europeu.

O afastamento em relação aos próprios amigos parece refletir o isolamento geográfico do escritor autodidata, homem culto que se formou sozinho no sertão alagoano. Foram "quinze anos completamente isolado, sem visitar ninguém", com "tempo bastante para leituras", afirmou o romancista, referindo-se ao longo período de 1915 a 1930, no qual fermentaram as experimentações vanguardistas e o ideário político que desaguou na Revolução de 1930.

Nesta declaração do final dos anos 1940, o escritor recusou terminantemente qualquer ligação com o movimento modernista: "Sempre achei aquilo uma tapeação desonesta. Salvo raras exceções, os modernistas brasileiros eram uns cabotinos. Enquanto outros procuravam estudar alguma coisa, ver, sentir, eles importavam Marinetti". E para não deixar dúvida, voltava sempre à questão do isolamento: "Enquanto os rapazes de 22 promoviam seu movimentozinho, achava-me em Palmeira dos Índios, em pleno sertão alagoano, vendendo chita no balcão".[1]

Nascido em Quebrangulo, em 27 de outubro de 1892, numa família de pequenos comerciantes e criadores de gado, Graciliano Ramos viveu a infância e a adolescência em fazendas do interior de Alagoas e Pernambuco. Dos sofrimentos desses primeiros anos, provocados pela seca e especialmente pelo regime familiar duro e violento, que tantos vestígios deixariam na criança introvertida e arredia, o melhor depoimento está no volume *Infância*, uma de suas obras mais surpreendentes.

O aprendizado das letras foi difícil e tumultuado: "Aprendi a carta de ABC em casa, aguentando pancada", relatou o escritor.[2] Desde cedo, porém, acostumou-se às leituras e passou a publicar contos e sonetos na imprensa local. Em 1914, aos 22 anos de idade, deixou Alagoas para tentar uma carreira literária no Rio de Janeiro, onde trabalhou em alguns jornais. No ano seguinte, porém, foi obrigado a regressar, pois estava perdendo irmãos e familiares numa epidemia de peste bubônica. Casou-se, então, com Maria Augusta de Barros, com quem teve quatro filhos, assumindo a loja de tecidos que era do pai, Sebastião Ramos.

Foi lá, em Palmeira dos Índios, ainda na década de 1920, que José Lins do Rego o conheceu. Viajando numa comissão de literatos, em dada altura, foi apresentado a um "sertanejo quieto de cara maliciosa", que falava com grande conhecimento de Balzac, de Zola e de Flaubert. Nas palavras do escritor paraibano: "Soube que era comerciante, que tinha família grande, que era ateu, que estivera no Rio, que fizera sonetos, que sabia inglês, francês e que falava italiano".[3]

Entre 1927 e 1930, Graciliano, já casado com sua segunda mulher, Heloísa Leite de Medeiros, ocupou o cargo de prefeito de Palmeira dos Índios. Nesse período, enviou dois relatórios de prestação de contas ao governador de Alagoas. Escritos numa linguagem inesperada — e já portando alguns traços do estilo incomum do futuro romancista —, os relatórios tiveram divulgação na imprensa e repercussão nacional:

"Em janeiro do ano passado não achei no município nada que se parecesse com lei, fora as que havia na tradição oral, anacrônicas, do tempo das candeias de azeite", relata o prefeito.

Constava a existência de um código municipal, coisa inatingível e obscura. Procurei, rebusquei, esquadrinhei, estive quase a recorrer ao espiritismo, convenci-me de que o código era uma espécie de lobisomem.

Afinal, em fevereiro, o secretário descobriu-o entre os papéis do Império.[4]

Nesse curto fragmento, a par do estilo seco e direto, notamos também a "maneira cortante", ambas dando forma ao julgamento severo, feito sem concessões, a respeito da situação de atraso do Brasil rural nordestino. Esse mundo antigo e em ruína, povoado por almas em dissolução, no qual a ausência de lei impõe o arbítrio, a violência e a opressão dos mais fracos, será esse precisamente o mundo que encontraremos em sua obra literária.

O poeta e editor Augusto Frederico Schmidt leu os relatórios e ficou sabendo da existência de um romance na gaveta. O original de *Caetés*, escrito entre 1925 e 1928, lhe foi enviado em 1930. Mas o manuscrito se perdeu (Schmidt o teria esquecido no bolso de uma capa de chuva), e o romance só veio a público em 1933, quando o autor já ultrapassava os 40 anos de idade. Aparecendo em um momento de forte engajamento, de culto à literatura dita revolucionária, *Caetés*, por estar alheio à desigualdade de classes, acabou causando decepção.

Convidado para ser diretor da Imprensa Oficial, Graciliano se transferiu em 1930 para Maceió e pela primeira vez teve a oportunidade de conviver com outros intelectuais (José Lins do Rego, Rachel de Queiroz, Jorge de Lima, Aurélio Buarque de Holanda, entre outros). Em 1933, assumiu a direção da Instrução Pública de Alagoas, cargo semelhante ao de secretário estadual de Educação. No ano seguinte, publicou, com repercussão imediata, seu segundo romance, *São Bernardo*, que lhe valeu, na época, o rótulo de "Dostoiévski dos trópicos".

Em 1935, ano da fracassada Intentona comunista, Graciliano se dedicou à composição de *Angústia*. Em março de 1936, foi preso sem acusação formal, sendo mantido por nove meses em cadeias de Maceió, Recife e Rio de Janeiro. A publicação de *Angústia* pela editora José Olympio ocorreu durante o período de seu encarceramento.

Libertado em janeiro de 1937, o escritor passou a morar no Rio de Janeiro e tentou recompor sua família. Por necessidade de sobrevivência, chegou a colaborar com as revistas culturais do Estado Novo, situação vivida na época por boa parte dos intelectuais, mas especialmente ambígua no caso de Graciliano.

Em 1938, apareceu *Vidas secas*, que muitos consideram sua obra-prima. Diferentemente dos anteriores, que foram escritos no Nordeste, esse quarto e último romance parece incorporar pela primeira vez as tendências típicas da ficção do Nordeste. Nas outras publicações do período, que se estende até 1945, sobressai a escolha do mesmo cenário (o sertão nordestino) e a exploração da cultura popular. É o que ocorre na narrativa "infantil" *A terra dos meninos pelados* (1937), no volume *Histórias de Alexandre* (1944), que reaproveita histórias folclóricas, e em *Viventes das Alagoas (1962)*, publicação póstuma que reúne crônicas sobre "quadros e costumes do Nordeste". É o que ocorre ainda em *Infância* (1945), livro autobiográfico em que repassa a sua vida de menino no sertão alagoano.

"Eu preciso estudar a minha lição de geografia", repete várias vezes o protagonista de *A terra dos meninos pelados*, para explicar sua decisão de abandonar o país maravilhoso de Tatipirun. Estampada na primeira obra desse período da carreira de Graciliano — conto alegórico que antecede a publicação de *Vidas secas* —, a frase parece conter a cifra de um novo projeto literário.

Nesse conjunto de obras, o autor faz uma releitura da região e da tradição, palavras-chave do regionalismo de Gilberto Freyre e José Lins do Rego. Tal projeto pareceria ainda ecoar as diretrizes culturais do Estado Novo, com sua valorização do homem brasileiro e da cultura nacional.

Entretanto, basta ler os livros mencionados para que se desfaça qualquer dúvida a respeito da visão crítica e pessimista que o escritor manteve sempre a respeito do Brasil. País do futuro? O que vemos em suas histórias é sempre a brutalidade da paisagem e das relações sociais, a animalização das criaturas condenadas a viver em um país arcaico: criaturas humilhadas, frustradas, agitadas por sentimentos complexos.

Essa visão amarga o acompanhou desde cedo. Já em uma crônica de 1915, o jovem Graciliano escreveu: "Em escala descendente, a começar no Catete, onde pontifica o chefe assu, e a terminar no último lugarejo do sertão, com um caudilho, mirim, isto é um país a regurgitar de mandões de todos os matizes e feitios".[5]

Em 1945, Graciliano filiou-se ao Partido Comunista Brasileiro. Nos seus últimos anos de vida, viajou para a União Soviética e países europeus; publicou o volume de contos *Insônia* (1947); traduziu *A peste*, de Albert Camus; compôs as suas monumentais *Memórias do cárcere*, que tiveram publicação póstuma, em 1953, alguns meses depois de sua morte, aos 61 anos.

Entre as grandes homenagens dedicadas a Graciliano Ramos, estão as transposições, em alto estilo, de sua obra para o cinema. Em 1963, *Vidas secas*, de Nelson Pereira dos Santos, se tornou um dos marcos do Cinema Novo. Em 1973, o diretor Leon Hirszman lançou sua vigorosa adaptação de *São Bernardo*. Finalmente, em 1983, surgiu a versão de *Memórias do cárcere*, também dirigida por Nelson Pereira dos Santos. Produções que se tornaram clássicos do cinema brasileiro, os três filmes apareceram com intervalos de exatos dez anos, sempre coincidindo com os aniversários da morte do escritor. Mais do que simples adaptações, são releituras intrigantes que compõem um tributo do cinema à literatura brasileira moderna.

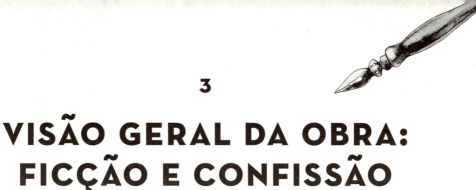

3
VISÃO GERAL DA OBRA: FICÇÃO E CONFISSÃO

CAETÉS, *SÃO BERNARDO*, *ANGÚSTIA* E *VIDAS SECAS*: O PERCURSO LITERÁRIO DE GRACILIANO; RELAÇÕES ENTRE FICÇÃO E AUTOBIOGRAFIA

É conhecida a divisão da obra de Graciliano Ramos, proposta por Antonio Candido, em dois polos ou duas fases: a ficção e a confissão. No primeiro bloco, formado pelos quatro romances publicados na década de 1930, o escritor praticou e, supostamente, esgotou a vertente ficcional. Até *Angústia*, predominam as narrativas em primeira pessoa e o procedimento da "construção em abismo" — espécie de jogo de espelhos causado pelo fato de o protagonista ser também escritor e pela existência do livro dentro do livro:

> Li a última tira. Prosa chata, imensamente chata, com erros. Fazia semanas que não metia ali uma palavra. Quanta dificuldade! E eu supus concluir aquilo em seis meses. Que estupidez capacitar-me de que a construção de um livro era empreitada para mim![1]

Vidas secas, tão diferente dos anteriores, seria o ponto de inflexão. Além de trazer o foco da terceira pessoa, inédito em Graciliano, a obra põe em crise o próprio gênero ao se apresentar ao leitor como "romance desmontável", esfacelado, híbrido, de difícil classificação.

Depois de *Vidas secas*, predomina a vertente confessional. A análise interior dos primeiros romances se transfere para as páginas autobiográficas de *Infância* e *Memórias do cárcere*. A trajetória de Graciliano, portanto, iria da ficção à confissão. Porém, como também observa o crítico, as duas vertentes se misturam. A confissão já está presente nos romances narrados em primeira pessoa. E as obras memorialísticas, por sua vez, contêm elementos que pertencem à ficção. Se *Infância* exibe um forte caráter romanesco, *Angústia* parece um livro de memórias, uma "autobiografia virtual", no dizer de Antonio Candido.[2]

Para Graciliano, sua obra toda é autobiográfica: "Nunca pude sair de mim mesmo. Só posso escrever o que sou". Até mesmo em *Vidas secas*, em que predomina o distanciamento e a objetividade, o escritor teria retratado a si próprio: "Se fosse analfabeto, por exemplo, seria tal qual Fabiano".[3]

Realismo: eis a palavra-chave. A ficção, a seu ver, deveria guardar a impressão máxima de verdade. Imaginação não era o seu forte. Acreditava que o escritor deveria falar apenas a partir da experiência vivida: "Todos os meus tipos foram constituídos por observações apanhadas aqui e ali, durante muitos anos. É o que penso, mas talvez me engane. É possível que eles não sejam senão pedaços de mim mesmo e que o vagabundo, o coronel assassino, o funcionário e a cadela não existam".[4]

Comecemos pelo "vagabundo", o protagonista e narrador de *Caetés*. João Valério é um pobre-diabo. No passado, sofreu a penosa experiência do rebaixamento social, agora trabalha como guarda-livros de uma firma comercial. Envolve-se com Luísa, a mulher do patrão. Mas o projeto do jovem intelectual de província claudica não vai adiante, a exemplo do romance sobre os índios Caetés que, com muito esforço, ele tenta escrever e que termina por abandonar. No mais, acompanhamos o insosso cotidiano da pequena Palmeira dos Índios, com seus personagens (ou tipos) convencionais, num livro ainda bastante próximo do modelo realista-naturalista de Eça de Queirós especialmente.

Segundo Graciliano, seu livro de estreia era uma obra falhada. Aos olhos da crítica, um livro correto, mas sem força, especialmente se comparado aos títulos posteriores. Entre os defeitos imputados a *Caetés*, estão a superficialidade e a monotonia: a ausência de movimento — e, portanto, de enredo —, o ritmo arrastado, a falta de aprofundamento psicológico.

Entretanto, o livro está longe de ser um simples "exercício de técnica literária". É a construção segura de um universo ficcional (João Valério pode ser visto como precursor de Luís da Silva, o protagonista de *Angústia*) e destoa da produção corrente no começo da década de 1930, tanto por sua densidade temática como pela ênfase dada à fatura estética e ao trabalho com a linguagem.

Distanciando-se também da escola naturalista, o livro surpreende pela presença do narrador em primeira pessoa. Além do espaço coletivo da pequena cidade, por onde desfilam tipos curiosos, temos acesso ao "caso individual", visto de dentro.[5] Não há ainda a oposição entre o herói e a sociedade que caracteriza o "romance de tensão crítica", conforme a classificação adotada por Alfredo Bosi.[6] O herói é mesquinho como o meio em que vive, ambos se revelando, como ele próprio sugere ao final do romance, seres tão selvagens quanto os longínquos índios Caetés.

Em *São Bernardo*, a tensão aumenta consideravelmente. Paulo Honório, sujeito miserável, que se alfabetizou na cadeia, não descende de nenhuma família rica. Ele próprio inicia um império e uma família, movido por ambição, energia e força de vontade avassaladoras. Primeiro, apropria-se das terras de São Bernardo, onde havia trabalhado como lavrador. Depois, conquista a "posse" de Madalena, professora de ideias avançadas, cuja independência colocará a perder tudo que foi erguido sem escrúpulos pelo fazendeiro.

Na primeira parte do romance, vemos as ações vitoriosas do protagonista, elevando-se acima de sua classe como uma força nova, um modernizador inclemente atuando sem peias no sertão nordestino:

> O meu fito na vida foi apossar-me das terras de S. Bernardo, construir esta casa, plantar algodão, plantar mamona, levantar a serraria e o descaroçados, introduzir nestas brenhas a pomicultura e a avicultura, adquirir um rebanho bovino regular. Tudo isso é fácil quando está terminado e embira-se em duas linhas, mas para o sujeito que vai começar, olha os quatro cantos e não tem em que se pegue, as dificuldades são terríveis.[7]

Na segunda parte, sobressaem Madalena e sua resistência ao marido que, desnorteado, se precipita em direção à ruína: "Sim, senhor! Conluiada com o Padilha e tentando afastar os empregados sérios do bom caminho. Sim, senhor, comunista! Eu construindo e ela desmanchando",[8] desabafa o narrador no capítulo 24. A última frase é uma espécie de síntese do movimento central do enredo.

De *Caetés* a *São Bernardo*, ocorre a passagem definitiva do naturalismo, já descaracterizado no romance de estreia, para o que Otto

VISÃO GERAL DA OBRA: FICÇÃO E CONFISSÃO

Maria Carpeaux chamou de "realismo crítico" ou "problemático", em contraste com o "realismo orgânico", de José Lins do Rego, e o "realismo socialista", de Jorge Amado.[9]

Romance de tensão crítica, realismo crítico...— Pela segunda vez, vemos a utilização do mesmo adjetivo para distinguir a categoria especial ocupada por Graciliano Ramos no contexto do romance da década de 1930. O autor de *São Bernardo* seria "crítico" (instaurador de crises) por duas razões. Primeiramente, por sua preocupação com a linguagem, em oposição ao culto da espontaneidade e, no limite, da ausência de forma que era predominante na produção engajada da época. Para Jorge Amado, a literatura seria um embuste, algo que desvirtuaria as funções políticas e didáticas do romance proletário,[10] posição que se torna explícita na abertura de *Cacau* (1933): "Tentei contar neste livro, com um mínimo de literatura para um máximo de honestidade, a vida dos trabalhadores de cacau do sul da Bahia". Já para o escritor alagoano, a inquietação formal não contraria a reflexão política. Ao contrário, torna-a a um só tempo mais urgente e mais duradoura.

Em segundo lugar, a ficção de Graciliano se faz crítica por aprofundar a investigação psicológica alguns passos além do romance realista-naturalista. Em *São Bernardo*, recusando o maniqueísmo próprio de seu tempo, o escritor une o que parecia inconciliável: a vertente social e a vertente intimista. Sem deixar de questionar a sociedade, o que lhe interessa é a existência interior de suas criaturas:

Foi este modo de vida que me inutilizou. Sou um aleijado. Devo ter um coração miúdo, lacunas no cérebro, nervos diferentes dos nervos dos outros homens. E um nariz enorme, uma boca enorme, dedos enormes.

Se Madalena me via assim, com certeza me achava extraordinariamente feio.

Fecho os olhos, agito a cabeça para repelir a visão que me exibe essas deformidades monstruosas."[11]

A preocupação com a psicologia se radicaliza em *Angústia*, o romance da literatura brasileira moderna que talvez mais tenha suscitado leituras embasadas na teoria freudiana. Trata-se também do experimento mais vanguardista de Graciliano Ramos, totalmente centrado no monólogo interior, com o fluxo ininterrupto de associações mentais produzindo o esgarçamento e a deformação da realidade percebida pelo narrador.

Luís da Silva é o último membro de uma família rural que sofreu profunda decadência. Ao trocar o campo pela cidade (Maceió), conhece uma miséria ainda mais extrema, sobrevivendo a duras penas como funcionário público e literato de aluguel. Apaixona-se por Marina, sua vizinha ambiciosa, mas é preterido em favor de Julião Tavares. Essa perda lhe faz recordar obsessivamente as inúmeras humilhações acumuladas ao longo de sua vida.

Ressentido, violento e cruel, Luís da Silva considera o bacharel que lhe roubou a noiva um usurpador e nele concentra todo o seu ódio pelos donos de dinheiro. A inferioridade econômica e social desperta a frustração agressiva do personagem, que por sua vez produz as deformações psíquicas:

> Vivo agitado, cheio de terrores, uma tremura nas mãos, que emagre-
> ceram. As mãos já não são minhas: são mãos de velho, fracas e inú-
> teis. As escoriações das palmas cicatrizaram.
>
> Impossível trabalhar. Dão-me um ofício, um relatório, para datilo-
> grafar, na repartição. Até dez linhas vou bem. Daí em diante a cara
> balofa de Julião Tavares aparece em cima do original, e os meus
> dedos encontram no teclado uma resistência mole de carne gorda.[12]

Embora pertençam a classes diferentes, os protagonistas de *São Bernardo* e *Angústia* assemelham-se pela mania de autoanálise — que no último chega a ser mórbida — e pela investigação da tópica do ciúme, ambos dialogam com o romance seminal de Machado de Assis, *Dom Casmurro*.

Em *Angústia*, projetam-se lembranças de figuras e de aconteci-mentos da própria biografia de Graciliano Ramos. Na opinião de Roger Bastide, a experiência foi penosa para o escritor que, esgo-tado, teria saído do romance como quem foge de um encontro con-sigo mesmo. O resultado da fuga apareceria no livro seguinte, com a opção por tratar da seca, problema externo e secular, numa espé-cie de retorno ao "naturalismo". Todavia, como observa o próprio Bastide, "é em vão que Graciliano Ramos sai do eu, [pois] são ainda seres 'frustrados' que ele encontra".[13]

Vidas secas, na verdade, está bem longe do naturalismo e do próprio "drama da seca", que obviamente não é o tema principal do autor. Mas parece de fato bem contrastante em relação à obra anterior, não apenas pela adoção do foco narrativo da terceira pes-soa mas também pela presença de um certo "espírito poético", a revelar um escritor mais humano e compassivo, porventura can-sado da brutalidade e do pessimismo de seus primeiros romances.

À perspectiva centrada no indivíduo, sucede a focalização do coletivo, tornada evidente na fórmula plural *Vidas secas* (título paradoxal em que o substantivo e o adjetivo se negam mutuamente).

Primeiro romance escrito após a prisão, o livro parecia carregar as marcas daquela experiência decisiva. Na cadeia, vivendo em promiscuidade com vagabundos e malandros, pudera fazer a descoberta da humanidade dos estratos mais humildes. Sem isso, não teria sido possível o aparecimento de *Vidas secas*. Em *Memórias do cárcere*, afirma o escritor: "Precisamos viver no inferno, mergulhar nos subterrâneos sociais, para avaliar ações que não poderíamos entender aqui em cima".[14]

Com efeito, embora seja evidente a superioridade intelectual da voz narradora, o ponto de vista a respeito dos pobres não é o "de cima", não tem como origem a casa grande. Não se enreda na "cordialidade" e na fusão emotiva com o povo, descrita e celebrada no Ciclo da Cana-de-Açúcar, de José Lins do Rego, nem se restringe ao paternalismo da ficção proletária de Jorge Amado.

A representação do outro, problema central do romance de 1930, se faz sem falsa simpatia e, o mais importante, sem que uma voz seja atribuída de fora (e de cima) aos sertanejos. Foi assim, segundo Luís Bueno, que o escritor "deu um xeque-mate no romance proletário", pois:

> ninguém figuraria o outro de uma forma tão complexa no plano do pensamento e ao mesmo tempo tão orgânica no plano da arte, porque ninguém fora capaz de preservar o outro como outro, com toda sua complexidade e com suas razões, e assim, nessa inteireza, interessar-se por ele.[15]

Sem deixar de ser literatura engajada, *Vidas secas* recusa radicalmente a simplificação formal. A construção do romance é complexa. A estilização do mundo sertanejo obtém alto rendimento estético, constituindo uma síntese das conquistas do escritor em seu caminho de depuração do realismo.

Transformando-se de livro para livro, numa oscilação entre os polos do romance e da confissão, a ficção de Graciliano Ramos decanta-se ao máximo antes de extinguir-se no final dos anos 1930, com *Vidas secas*. Mas a não ficção que predomina em seguida preserva as conquistas formais e linguísticas, ao mesmo tempo em que apresenta os fundamentos indispensáveis para a compreensão integral da obra romanesca.

4

METALINGUAGEM: O LIVRO DENTRO DO LIVRO

O RECURSO DA "CONSTRUÇÃO EM ABISMO"; VIDA, ESCRITA E PROBLEMATIZAÇÃO DA LITERATURA EM *CAETÉS*, *SÃO BERNARDO* E *ANGÚSTIA*

Uma situação se repete nos três primeiros romances de Graciliano Ramos: a presença do livro dentro do livro, isto é, a apresentação da narrativa como sendo de autoria do próprio protagonista. Trata-se de um dos recursos fundamentais da ficção moderna, chamado pelos franceses de *mise en abîme* (construção em abismo). O seu uso obsessivo na obra do escritor alagoano serve para distanciá-lo das duas linhagens às quais se sentia ligado: a ficção realista-naturalista, avessa à narração em primeira pessoa, e o romance regionalista dos anos 1930, que se pautava, como no caso de José Lins do Rego, pelos padrões narrativos da tradição oral, prezando a simplicidade e a linearidade.

Conhecedor profundo não só de sua cultura regional mas também da tradição literária erudita e das inovações do moderno romance europeu (como o monólogo interior, a fragmentação dos planos, a rarefação do enredo etc.), Graciliano promoveu uma ampla articulação envolvendo essas diversas fontes. Daí o avanço e a notória superioridade de sua obra em face do que produziram, com menos ambição e esforço, seus companheiros de geração. Enquanto a maioria destes estava apenas interessada em contar histórias, menosprezando preocupações estéticas, ele se propunha a fazer, em sua própria ficção, a crítica metalinguística e a reflexão sobre a atividade e a forma literárias.

Escrever um livro é a ocupação dos três narradores dos romances de primeira pessoa: João Valério, de *Caetés*, Paulo Honório, de *São Bernardo*, e Luís da Silva, de *Angústia*. Nos dois últimos, o relato visa à compreensão e à ordenação da traumática experiência vivida pelos protagonistas — espaço utilizado para expiação de culpas e exposição de ressentimentos. No primeiro e no último, os personagens possuem ambição literária e desejam, por meio do livro, escapar de seu destino medíocre. Contam-se sempre duas histórias: a que foi ou está sendo vivida pelo narrador e a do romance que ele deseja escrever. Nos três casos, a confiabilidade do relato se impõe como problema decisivo.

Em *Caetés*, o espelhamento promovido pela construção em abismo serve a dois propósitos: tematizar o lugar incerto do intelectual no contexto do atraso brasileiro (reflexão prolongada em *Angústia* e em vários romances da década de 1930) e polemizar com os escritores modernistas a respeito das diferenças entre a narrativa mítica e antimimética da geração de 1922 e a retomada, proposta pelos nordestinos, do modelo realista baseado na observação acurada do tema e no respeito à verossimilhança.

João Valério é um humilde guarda-livros, "ofício que se presta às divagações do espírito". Há cinco anos labuta para compor um romance sobre a história dos índios Caetés, que viviam na região de Alagoas, mas não consegue sair do segundo capítulo. Está clara a provocação aos modernistas. No final do "Manifesto Antropófago", lançado em 1928 (época de composição de *Caetés*), Oswald de Andrade põe em relevo o mesmo acontecimento, ao datar o texto de "ano 374 da deglutição do Bispo Sardinha". Como diria mais tarde Caetano Veloso, esse ato canibal teria sido "a cena inaugural da cultura brasileira, o próprio fundamento da nacionalidade".[1]

Em seu romance sobre os índios, o protagonista de *Caetés* se esforça para empregar palavras como *tibicoara*: "Se alguém me lesse, pensaria talvez que entendo tupi, e isto me seria agradável". Usa e modifica os primeiros versos de "Canto do guerreiro", de Gonçalves Dias. Numa passagem bem-humorada, hesita entre os termos *enduape* (fralda) e *canitar* (adorno para a cabeça). Termina por reconhecer o equívoco do projeto:

> Também aventurar-me a fabricar um romance histórico sem conhecer história! Os meus caetés realmente não têm verossimilhança, porque deles apenas sei que existiram, andavam nus e comiam gente[2].

Em contraposição a livros como *Macunaíma*, de Mário de Andrade, também publicado em 1928, *Caetés* propõe a opção realista. Abandonando o "romance encrencado na gaveta", João Valério resolve "compor uma novela" com seus conhecidos de Palmeira dos Índios. Dois projetos se contrapõem: o romance inautêntico, ridículo, apontado como mentira, e a novela de costumes baseada na vida real e nos fatos do presente.[3]

Porém, se o insucesso do romance histórico impede que os caetés reais sejam personagens, ao final se reconhece que os da novela jamais haviam deixado de ser índios: "E eu disse que não sabia o que se passava na alma de um caeté! Provavelmente o que se passa na minha, com algumas diferenças". Mesmo negando a temática indianista, Graciliano não deixa de incorporar em seu livro de estreia a reflexão sobre o caráter nacional.

Além de desnudar o processo de composição, trazendo à tona questionamentos sobre temática, linguagem e técnica, a construção em abismo é um procedimento revelador das platitudes do herói. Sentindo-se em posição subalterna no meio em que vive, o narrador entrega-se à atividade literária em busca de prestígio social. Quando pensa no livro, vem a imagem de sua exposição nas livrarias, do orgulho que lhe trariam as palavras ditas a seu respeito. Com a chegada do sonhado prestígio, acaba por esquecer a vocação literária. Ao mesmo tempo, desaparece também a paixão adúltera que havia motivado a narração da novela. A vitória do guarda-livros, que não lhe garante nenhuma grandeza, é comprovada pelo fracasso do escritor.

Enquanto João Valério se mostra dividido entre a vida e a literatura, entre o viver e o narrar, o fazendeiro Paulo Honório narra sua história depois de tê-la vivido, *a posteriori* — como os protagonistas dos romances de Machado de Assis, que estão na base da composição de *São Bernardo*. Dois anos depois do suicídio de Madalena é que se começa a contar a história ocorrida por volta da Revolução de 1930.

A estrutura se divide em dois planos: o tempo do enunciado (o passado) e o tempo da enunciação (o presente). Acompanhamos

METALINGUAGEM: O LIVRO DENTRO DO LIVRO

simultaneamente duas construções: São Bernardo-fazenda e São Bernardo-livro. A primeira foi realizada por um homem pragmático, enérgico, violento. A segunda sai das mãos de um sujeito melancólico, dubitativo, que se considera inábil para a escrita: "Esta pena é um objeto pesado. Não estou acostumado a pensar".

Os comentários sobre a escrita do livro são recorrentes. À moda machadiana, o relato se faz com diversas interrupções, notas explicativas e breves conversas com o leitor:

> As pessoas que me lerem terão, pois, a bondade de traduzir isto em linguagem literária, se quiserem. Se não quiserem, pouco se perde. Não pretendo bancar o escritor. É tarde para mudar de profissão.[4]

Há um descompasso entre a ação do passado e a reflexão do presente, parecendo tornar contraditória (ou inverossímil, como acusou Álvaro Lins) a situação do fazendeiro-escritor. Porém, não se deixe enganar pela astúcia da narrativa. Embora considere difícil e problemática a experiência de escrever, Paulo Honório se desincumbe muito bem da tarefa. Se a fazenda estava submetida à vontade forte de seu proprietário, o livro também tem em seu narrador uma figura centralizadora, inescrupulosa e cheia de caprichos.

Para que escreve? A pergunta é feita várias vezes, e o empresário, antes seguro e determinado, agora conclui pela inutilidade da empreitada. No entanto, há motivos de sobra para que ele se embrenhe na composição: livrar-se da culpa, exprimir o ressentimento, competir com Madalena no domínio específico da palavra, no qual ela era superior etc. Um objetivo parece claro: Paulo Honório sente a necessidade de reconstruir simbolicamente o que foi destruído, reerguer pela segunda vez São Bernardo. A construção do livro, feita com recursos que se confessam igualmente parcos e ilegítimos, serviria para compensar a destruição da fazenda.

Ao desnudar o processo de criação artística, o procedimento da construção em abismo desperta a impressão da narrativa em estado de construção. *São Bernardo* parece um livro escrito diante dos olhos do leitor. Em *Angústia*, Graciliano leva às últimas consequências a reflexão sobre a literatura e a linguagem escrita. Além disso, o processo de duplicação especular — a história dentro da história — se torna mais complexo, envolvendo ainda a reiteração de inúmeros acontecimentos e motivos pelos vários planos da narração. O desdobramento é infinito, as repetições produzem uma estrutura vertiginosa, de verdadeira obsessão.[5]

A construção em abismo foi observada pela primeira vez por Victor Hugo, ao comentar a recorrência da dupla ação, ampliando o drama central, em algumas peças de Shakespeare. A definição do procedimento foi dada depois por André Gide. Em alguns casos, o desdobramento envolve a fragmentação da narrativa em vários narradores diferentes (um exemplo, no Brasil, é o romance *Crônica da casa assassinada*, de Lúcio Cardoso).

Em *Angústia*, a história central — o crime cometido por Luís da Silva — sofre continuamente o encaixe de outros episódios de perseguição, prisão, tortura e morte. Conforme observou Antonio Candido, o tempo do romance é tríplice:

> pois cada fato apresenta ao menos três faces: a sua realidade objetiva, a sua referência à experiência passada e a sua deformação por uma crispada visão subjetiva.[6]

Ao estudar esse jogo de espelhos, que faz a novela enovelar-se em si mesma, girando como parafuso em torno do mesmo motivo, Lúcia Helena Carvalho analisou com precisão a construção do mecanismo. Exemplo: Luís da Silva surpreende Julião Tavares de olhos gulosos em Marina e sente "um desejo enorme de apertar-lhe as goelas". Como permanece insatisfeito, o desejo desloca-se para outras formas de representação, como no tempo antigo da infância: "As cobras arrastavam-se no pátio. Eu juntava punhados de seixos miúdos que atirava nelas até matá-las".

Em seguida, o jogo de associações continua. A lembrança das cobras traz à tona outra cena infantil, que também vem encaixar-se na narrativa:

> Certo dia uma cascavel se tinha enrolado no pescoço do velho Trajano, que dormia no banco do copiar. [...] A cascavel chocalhava, Trajano dançava no chão de terra batida e gritava: "Tira, tira, tira".[7]

Como aponta Lúcia Helena, o episódio tragicômico do avô constitui uma figuração plástica da cena de enforcamento, nela projetando-se, inconscientemente, o desejo do narrador de agredir Julião Tavares.[8]

Cordas, com a variante "cobras", se espalham por toda a narrativa, numa obsessiva alusão ao crime por meio do qual Luís da Silva pretende não só eliminar o rival e recuperar seu antigo prestígio como também seguir o modelo dos cultuados heróis sertanejos, numa maneira de elevar-se à grandeza da velha tradição nordestina.

A construção em abismo evidencia o elo umbilical do pequeno funcionário com o mundo rural (pois jamais se adaptou à cidade) e a importância dos traumas da infância, de onde brota toda a sua angústia. A exemplo do monólogo interior, é um recurso fundamental para o realismo do romance, que pretende mimetizar, por meio das associações mentais, o percurso da obsessão.

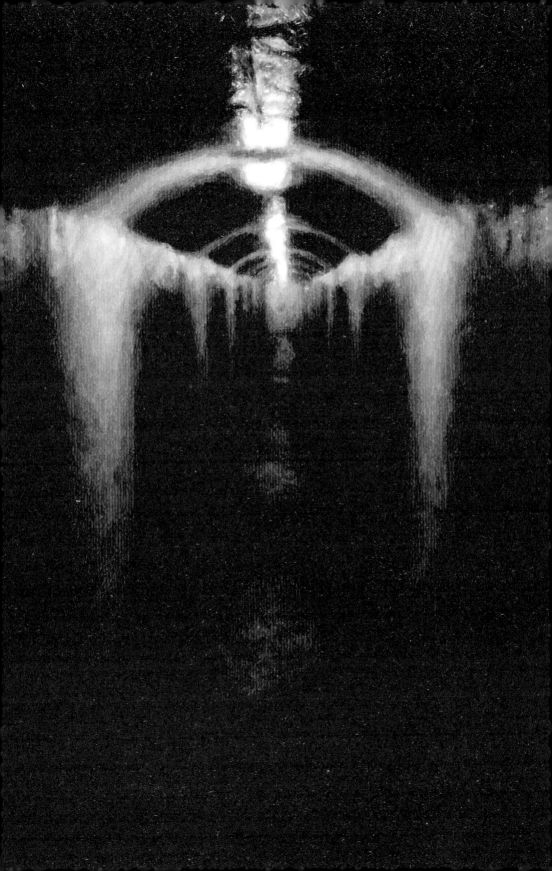

5
"DOIS CAPÍTULOS PERDIDOS": O NARRADOR NÃO CONFIÁVEL

DONO DA FAZENDA, DONO DO ROMANCE: A ENGENHOSA ABERTURA E A MANIPULAÇÃO DA NARRATIVA EM *SÃO BERNARDO*

São Bernardo começa de maneira intrigante: nos dois capítulos iniciais, como se tivesse dificuldade para entrar diretamente na confissão de sua movimentada história e do drama que o levou a escrever (matéria não lhe falta), o fazendeiro Paulo Honório, situando-se no presente, gasta algum tempo com o relato dos percalços vividos em sua nova empresa: a escrita do livro. Apenas no capítulo terceiro é que se apresentará como personagem, dando início à sua história de vida, o que produz a impressão de que o livro começa duas vezes.

Nessa altura, dirá que produziu "dois capítulos perdidos". A difícil empreitada teria começado, então, com prejuízo. Para o leitor, contudo, fica a impressão de uma abertura ardilosa, ainda mais se for levado em conta que o discurso provém de um sujeito experiente em negócios. Por que devemos supor que o romance só começa de fato no terceiro capítulo? Se os dois primeiros capítulos foram perdidos, por que teriam sido conservados? Na verdade, são partes essenciais do romance e se ligam a ele de modos diversos, com funções importantes relativas ao personagem, à linguagem, ao enredo e à estrutura, que valem a pena elucidar.

"Antes de iniciar este livro, imaginei construí-lo pela divisão do trabalho", afirma o narrador, deixando clara, já na primeira linha, a sua visão capitalista a respeito do projeto. A intenção era delegar partes do negócio aos amigos letrados, restando ao fazendeiro apenas a atribuição de traçar o plano, introduzir rudimentos técnicos, fazer as despesas e pôr o seu nome na capa. Rapidamente, porém, ocorrem desentendimentos. Um dos colaboradores queria o romance "em língua de Camões", outro apresentou capítulos "cheios de besteiras" e com linguagem "acanalhada", distante da fala comum. Em um mês, acumulam-se três tentativas falhadas.

De imediato, revela-se uma das principais intenções de Graciliano Ramos, na passagem entre os romances *Caetés* e *São Bernardo*, que é propor de maneira radical a crítica metalinguística. O embate de Paulo Honório com Azevedo Gondim a respeito do que seria a literatura ecoa a discussão travada nas cartas de Graciliano à sua mulher, Heloísa Ramos — enviadas em 1932, exatamente na época da composição do romance —, que insistiam na necessidade de evitar a erudição bacharelesca e de fazer os personagens falarem como pessoas comuns. Nessas cartas, o escritor revela que *São Bernardo* estava sendo todo reescrito, pois "havia no romance algumas passagens meio acanalhadas".[1] O trabalho exigia substituição de palavras e modificação da própria sintaxe:

> O *S. Bernardo* está pronto, mas foi escrito quase todo em português, como você viu. Agora está sendo traduzido para brasileiro, um brasileiro encrencado, muito diferente desse que aparece nos livros da gente da cidade, um brasileiro de matuto, com uma quantidade enorme de expressões inéditas, belezas que eu mesmo nem suspeitava que existissem.[2]

O que ocorre na abertura do romance seria, portanto, uma alusão ao processo vivido pelo próprio escritor na árdua composição do livro. Para que existisse o *São Bernardo* que estamos lendo, ele teve que superar uma linguagem que, não sendo brasileira, constituía pura imitação — em outras palavras, ultrapassar o caráter ainda fortemente lusitano de *Caetés*, com seu lastro naturalista e o enredo à Eça de Queiroz.

Na linguagem econômica e brutal, o leitor vê espelhadas as principais características do protagonista de *São Bernardo*. De acordo com João Luiz Lafetá, outra função dos capítulos iniciais seria apresentar um retrato antecipado do herói, que se mostra a si mesmo em ação, de maneira objetiva, revelando-nos toda a sua força:

> Sem nos dizer nada explicitamente sobre si mesmo, fornece-nos no entanto a sua imagem: um homem empreendedor, dinâmico, dominador, obstinado, que concebe uma empresa, trata de executá-la, utiliza os outros para isso e não se desanima com os fracassos.[3]

Entretanto, esse Paulo Honório que despacha ordens e impõe humilhações estaria ainda conseguindo fazer, como no passado, o mundo se curvar à sua vontade? Se ficamos impressionados com a força de sua figura, não nos escapa também a sua dificuldade atual para superar obstáculos. A abertura do romance, longe de apresentar uma ação desimpedida, coloca o protagonista sob o signo do impasse. Conforme observou Abel Barros Baptista, há uma contradição: o livro contará a história do fazendeiro dinâmico e objetivo, mas a narrativa começa com desperdício e com a revelação da perda de domínio. Esse transtorno inicial, segundo o crítico, anuncia e prepara a crise principal do romance.[4]

Se o primeiro capítulo narra o fracasso da "divisão do trabalho", isto é, do livro gerenciado como uma empresa, o segundo começa em clima diferente, com uma reviravolta:

> Abandonei a empresa, mas um dia destes ouvi novo pio de coruja — e iniciei a composição de repente, valendo-me dos meus próprios recursos e sem indagar se isto me traz qualquer vantagem, direta ou indireta.

Pela primeira vez, o fazendeiro se lança num projeto sem pensar nos lucros. O livro deixa de ser um negócio calculado para se tornar uma aventura arriscada, à qual ele se entrega "de repente".

Dois capítulos, dois personagens. Nas palavras de Abel Barros Baptista, "há um Paulo Honório que falha a ação projetada, e um Paulo Honório que atua sem projeto nem decisão".[5] A atitude repentina de iniciar a escrita com seus próprios recursos, isto é, apesar de não tê-los, se deve à lembrança de Madalena, associada ao pio de coruja que o narrador ouve duas vezes nessa abertura de *São Bernardo*. É como se, apesar de morta e depois de promover uma

"DOIS CAPÍTULOS PERDIDOS": O NARRADOR NÃO CONFIÁVEL

intervenção devastadora na vida do protagonista, a mulher voltasse a comandar a sua derrocada: a transformação do poderoso capitalista no sujeito sem projeto e sem objetividade, que não sabia, na casa vazia, aonde lhe conduziam os próprios passos. Em suma, os dois capítulos iniciais sintetizam a matéria que será narrada. Antecipam, pela ordem, as duas partes do romance: a primeira centralizada na figura de Paulo Honório e a segunda, em Madalena.

Associado ao pio da coruja e definido como incontrolável, o impulso de escrever o livro parece então ser movido por alguma espécie de remorso. A escrita seria o lugar de expiação da culpa, o meio de confessar o comportamento injusto com Madalena. Mas a obra é complexa e, dada a parcialidade do ponto de vista — bastante enfatizada —, desperta no leitor uma série de perguntas: o fazendeiro estaria mesmo arrependido? A sua escrita seria de fato autocrítica? Tornou-se capaz de respeitar os direitos de sua mulher e de reconhecer seus próprios erros? A esse respeito, impressiona o comentário cortante de Paulo Honório:

> Para que enganar-me? Se fosse possível recomeçarmos, aconteceria exatamente o que aconteceu. Não consigo modificar-me, é o que mais me aflige.

Os capítulos iniciais, com sua múltipla função, prestam-se a diversas interpretações. Para João Luiz Lafetá, eles introduzem o personagem, sua força e seu dinamismo. Já na leitura de Abel Barros Baptista, o que revelam é, ao contrário, a perda do domínio, ou seja, a discrepância entre o narrador desnorteado, que se revela no plano da enunciação, e o empresário objetivo, protagonista do plano do enunciado; a divisão do trabalho fracassa e o livro escrito solitariamente já não obedece a regras, é a negação de qualquer projeto. Entretanto, conforme observou outro crítico, Adriano Espínola, apesar dos tropeços iniciais, a narrativa de Paulo Honório "prossegue segura, irretocável, traindo um artista com pleno domínio da matéria".[6]

Mais perguntas: a perda de domínio teria de fato ocorrido? Ou a história sobre o livro encaixada no começo da narrativa seria alguma espécie de encenação, visando a conquistar de saída a simpatia do leitor? É a hipótese levantada por Valentim Facioli, para quem os dois primeiros capítulos "revelam sobretudo a encenação do impasse do narrar e a necessidade de ser firmado um pacto entre narrador e leitor".[7] Rebelando-se contra a linguagem falsa da literatura convencional, ele reivindica para sua narrativa não só o atributo da simplicidade mas também o da sinceridade. Se antes, no processo da "divisão do trabalho", planejava ostentar o seu nome na capa, agora, que narra sozinho, já não pretende confessar a autoria: "Há fatos que eu não revelaria, cara a cara, a ninguém. Vou narrá-los porque a obra será publicada com pseudônimo".

Está clara a tentativa de realçar a autenticidade dos fatos narrados. A promessa é de confissão integral e de transparência absoluta — o "dizer tudo" da obra memorialística de Rousseau. Para desarmar o leitor, Paulo Honório insinua que sua escrita não conterá práticas de poder. Para nosso espanto, porém, não demora a admitir que propõe um pacto autoritário. Já no parágrafo seguinte, ainda do segundo capítulo, enfatiza a dificuldade de contar objetivamente a sua história: "Talvez deixe de mencionar particularidades úteis, que me pareçam acessórias e dispensáveis".

Nos capítulos seguintes, confessa que manipula a narração a seu bel-prazer, suprimindo ou descartando não só trechos de conversas como também episódios importantes: "É o processo que adoto: extraio dos acontecimentos algumas parcelas; o resto é bagaço". Na bem-sucedida carreira de fazendeiro, Paulo Honório não respeitou regras. Na construção do romance, age da mesma forma, alegando que está acima das leis que regem o gênero: "Não tenho o intuito de escrever em conformidade com as regras". Ao lado do aspecto positivo da libertação formal, preconizada por Graciliano Ramos, convém não menosprezar a proximidade dessa declaração com o desrespeito à lei que possibilitou a ascensão do empresário.

No dizer de Valentim Facioli, "Paulo Honório detém o monopólio da fala na narrativa como detinha o monopólio da ação enquanto protagonista".[8] Se não está disposto a reconhecer a fala do outro, por que acreditar que sua fala, aparentemente humanista, exprima arrependimento? Por essa perspectiva, narrador e fazendeiro não se contrapõem. Se a narrativa é sinal de crise, nem de longe ameaça a posição dominadora do personagem. O dono da fazenda é também o dono do romance: na construção do livro *São Bernardo*, Paulo Honório vive ainda em função do sentimento de propriedade.

A narração não é confiável, como adverte seu próprio autor ficcional ou explícito. Cabe então ao leitor o esforço de empreender uma leitura desconfiada, que transcenda as limitações do seu ponto de vista interessado, comprometido ou simplesmente ingênuo — mas, em qualquer caso, parcial. Quando o narrador também é personagem, ele pode e deve ser interpretado com distanciamento pelo leitor. Tal leitura, a contrapelo, está prevista pelo romancista — o chamado autor implícito —, consciência externa que não se confunde com a voz narradora, o escritor "dentro" do romance. De acordo com Northrop Frye:

se inferior em poder ou inteligência a nós mesmos, de modo que temos a sensação de olhar de cima uma cena de escravidão, malogro ou absurdez, o herói pertence ao modo irônico.[9]

Não só em *São Bernardo*, mas também nos outros romances de Graciliano Ramos narrados em primeira pessoa, a enunciação dos fatos e sua interpretação estão limitadas à perspectiva do narrador-protagonista. No caso de *Angústia*, podemos duvidar completamente das afirmações de Luís da Silva e dos acontecimentos que ele narra, pois é possível que tudo não passe de delírio de sua mente perturbada. A modalidade do narrador não confiável, também empregada com insistência por Machado de Assis, é um recurso da ficção moderna que, deixando imprecisos os contornos da história, favorece a ampla intervenção do leitor, categoria decididamente incluída na obra aberta de Graciliano.

6

VIDAS SECAS: "ROMANCE DESMONTÁVEL"?

LIVRO FEITO DE PEDAÇOS: A UNIDADE DA ESTRUTURA FRAGMENTADA; A RENOVAÇÃO DA LITERATURA SOBRE A SECA

O quarto romance de Graciliano Ramos, aparentemente mais simples do que os anteriores, é muitas vezes apontado como sua obra-prima. É provável que a valorização dessa história de sertanejos retirantes — tema e personagens bastante conhecidos, desde sempre explorados na literatura brasileira — se deva mais ao conteúdo e à mensagem, considerada otimista por muitos leitores, do que ao trabalho diferenciado com a forma e a linguagem. Entretanto, considerar *Vidas secas* apenas como um exemplar da literatura engajada seria profundamente injusto. Sua construção é complexa, o que traz consequências para a interpretação da própria "mensagem" do romance.

É difícil definir o gênero de *Vidas secas*. Trata-se mesmo de um romance ou, por causa de sua estrutura fragmentada, deveria ser lido como uma coletânea de contos? A questão ocupou os críticos na época do aparecimento do livro e se tornou indissociável da referência às condições precárias de sua escrita e à publicação isolada dos capítulos na imprensa.

Entre as singularidades atribuídas a *Vidas secas* no conjunto da ficção de Graciliano, além do foco narrativo na terceira pessoa e da temática social e regional, Antonio Candido salientou o fato de o livro ser também "o único cuja composição não é contínua, mas feita de pedaços". Mesmo observando "perfeita a unidade do todo", o crítico considerou que "talvez a ideia inicial não tenha sido a de um 'romance'.[1] A julgar pelo depoimento do escritor, os episódios foram de fato se amontoando, sem qualquer planejamento:

Em 1937 escrevi algumas linhas sobre a morte duma cachorra, um bicho que saiu inteligente demais, creio eu, e por isso um pouco diferente dos meus bípedes. Dediquei em seguida várias páginas aos donos do animal. Essas coisas foram vendidas, em retalho, a jornais e revistas. E como José Olympio me pedisse um livro para o começo do ano passado, arranjei outras narrações, que tanto podem ser contos como capítulos de romance. Assim, nasceram Fabiano, a mulher, os dois filhos e a cachorra Baleia, as últimas criaturas que pus em circulação.[2]

As histórias foram vendidas ao jornal argentino *La Prensa* e também a *O Jornal*, do Rio de Janeiro, entre outras publicações brasileiras. "Baleia" foi a primeira história a ser escrita, em 4 de maio de 1937. Em 18 de junho, foi a vez de "Sinha Vitória". No mesmo mês Graciliano escreveu "Cadeia" e "O menino mais novo". Só então é que lhe teria ocorrido "a ideia de juntar as cinco personagens numa novela miúda — um casal, duas crianças e uma cachorra, todos brutos".[3] Entre julho e outubro, produziu os capítulos restantes, numa sequência distinta de sua ordenação ulterior. Inicialmente, o livro se chamaria *O mundo coberto de penas*, título de um dos capítulos finais.

A experiência de publicar trechos de livros em jornal não era nova para Graciliano. Capítulos de seus romances anteriores haviam sido veiculados no *Boletim de Ariel*. Depois de 1937, toda a sua produção — além de *Vidas secas*, os livros *Infância*, *Histórias de Alexandre*, *Insônia* e *Memórias do cárcere* — foi composta e publicada parceladamente. As obras chegavam ao público à medida que eram redigidas. Em *Infância*, a sequência dos capítulos na edição em livro também não corresponde à ordem na qual foram escritos.

No caso de *Vidas secas*, porém, a circunstância pareceu decisiva. Como classificar a narrativa? Foi a pergunta feita por Lúcia Miguel Pereira, em resenha publicada dois meses após o aparecimento do livro: "Será um romance? É antes uma série de quadros, de gravuras em madeira, talhadas com precisão e firmeza".[4] Alguns anos depois, Álvaro Lins voltaria ao tópico, considerando como defeito essa construção fragmentária: "os seus capítulos, assim independentes, não se articulam formalmente com bastante firmeza e segurança".[5]

As condições em que Graciliano escreveu o livro foram péssimas. Depois de ser libertado da prisão, tentando se estabelecer no Rio de Janeiro, ele morou num pequeno quarto de pensão na rua Corrêa Dutra, no Catete. As histórias foram compostas nesse espaço apertado, que ele dividia com a mulher e mais duas crianças. Trabalhava de preferência de madrugada, numa mesa bamba que tinha uma perna escorada num dicionário.

Morador da mesma pensão, Rubem Braga foi testemunha ocular da escrita de *Vidas secas*. Segundo o cronista, a intenção era mesmo escrever um romance, "mas a conta da pensão não podia esperar um romance", por isso ele foi vendido à prestação e "cada capítulo ficou sendo um conto". Em suma, a necessidade financeira teria determinado a estrutura do romance: "Quase tão pobre como o Fabiano, o autor fez assim uma nova técnica de romance no Brasil. O romance desmontável".[6]

A partir da recepção crítica inicial de *Vidas secas* e dos depoimentos sobre a sua criação, fixou-se a noção da obra sem estrutura, feita de partes autônomas, cujo arranjo obedece a um "critério aleatório", expressão curiosa e contraditória usada, já nos anos 1970, por Affonso Romano de Sant'Anna.[7] Em razão disso, desde que se tivesse uma ideia sumária do contexto, seria possível ler os capítulos em qualquer ordem, como sugeriu Letícia Malard. A descontinuidade da intriga, aliada à relativa inconsistência temporal, foi vista como traço de modernidade, servindo ao mesmo tempo para acentuar "o primarismo das personagens, sua incapacidade de captar o universo em bloco, sua ignorância ao perceber parcelas de realidade deformada".[8]

Em *Infância*, a construção por fragmentos traz igualmente a sugestão de um mundo opaco, que não se pode compreender totalmente. Os acontecimentos da meninice do escritor compõem relatos que se apresentam como retalhos descosidos. Tal descontinuidade pode ser vista como um traço metonímico da percepção infantil. De acordo com João Luiz Lafetá, o ponto-chave do livro é o desamparo da criança: "Sua incapacidade até para articular pequenas parcelas do mundo resulta na representação fragmentária do mundo como antiutopia, antirreino de parte alguma".[9]

VIDAS SECAS: "ROMANCE DESMONTÁVEL"?

Na leitura de *Vidas secas*, outros críticos também associaram a estrutura fragmentada à solidão, à alienação e à incomunicabilidade. No dizer de Antonio Candido, a vida para os retirantes é mesmo uma sequência de quadros entre os quais não se percebe nenhuma unidade, estando aí situada "a razão profunda da estrutura desmontável".[10] Portanto, o que parecia aleatório constituía, na verdade, uma estrutura, cujo arranjo deveria ser levado em conta na interpretação do livro. Se os contos nasceram originariamente como capítulos de uma obra maior, e não o contrário, conforme o depoimento de Rubem Braga — o autor, com efeito, numa das publicações avulsas de "Cadeia", chamou-o não de conto mas de "pedaço de romance" —, provavelmente a concepção da "estrutura desmontável" já existia desde o começo.

Na versão cinematográfica, realizada na fase inicial do Cinema Novo, o diretor Nelson Pereira dos Santos levou adiante, com propriedade e sem romper com a unidade de romance, a ideia de desmontar o enredo. Mas o filme é sempre outra obra, independente do original, que obedece a regras distintas e se vale de outros recursos, muitas vezes para atingir finalidades semelhantes. A adaptação de *Vidas secas* apresenta todos os episódios, mas os submete a uma ordem mais linear, agrupando capítulos como "Cadeia" e "Festa", ambos ambientados na vila próxima à fazenda, ou transferindo o capítulo "Baleia" para o final da narrativa, como uma espécie de clímax, antecedendo a nova retirada de Fabiano e sua família.

Entretanto, a noção de "romance desmontável" foi relativizada também por Antonio Candido em face da constatação, fácil de ser feita por qualquer leitor, de que o livro, a despeito de sua descontinuidade, conserva uma "estrutura circular". *Vidas secas* começa e termina com a fuga dos retirantes — dado formal que indica a impossibilidade de se libertarem do círculo no qual estão presos. Se é possível alterar a ordem de outros capítulos, com o primeiro e o último já não se admite tal deslocamento, que comprometeria a própria significação do romance. Não por acaso, a circularidade foi preservada no filme de Nelson Pereira dos Santos.

Nas últimas décadas, a partir do espelhamento entre o primeiro capítulo, "Mudança", e o último, "Fuga", novas investigações indicaram a possibilidade de o arranjo simétrico se estender a toda a estrutura de *Vidas secas*. À exceção de "Inverno", que ocupa a posição central, todos os demais capítulos estariam igualmente interligados: o segundo com o penúltimo, o terceiro com o antepenúltimo e assim por diante. A ligação se daria de duas maneiras: seja pela reiteração de motivos, acontecimentos ou personagens (por exemplo, a repetição do encontro de Fabiano com o representante da lei em "Cadeia" e "O soldado amarelo"), seja pela simetria invertida, própria da imagem especular, que ocorre na maioria dos pares de capítulos, em virtude da alteração das condições vividas pelos personagens. Por exemplo: a drástica inversão existente entre os capítulos quinto, "O menino mais novo", e nono, "Baleia", este tratando do desfecho trágico de uma vida, enquanto aquele era um episódio alegre, a respeito de sonhos e projetos para o futuro.

Conforme essa análise desenvolvida por Luís Bueno, na primeira parte, de "Mudança" até "Inverno", predominam as promessas de estabilidade e segurança; na segunda, que tem lugar entre "Festa" e "Fuga", aprofundam-se gradativamente as sensações contrárias, todas as ilusões se desfazem, até que, com a chegada da seca, a família é obrigada a pôr de novo os pés na estrada. Para o crítico, a leitura dos capítulos em outra ordem destruiria a unidade da obra, que é sutil, mas identificável: "*Vidas secas* é um

VIDAS SECAS: "ROMANCE DESMONTÁVEL"?

romance cuidadosamente montado, a partir de peças fabricadas com perfeição".[11]

A estrutura circular — acrescida ou não da relação especular entre os capítulos, que nos anos 1970 já havia sido proposta pelo crítico norte-americano Frederick G. Williams — foi diversas vezes associada ao ciclo da seca, ao vaivém do clima no sertão nordestino. Reproduzindo o ciclo natural, o livro comprovaria o elo indissociável entre o homem e a natureza, o que lhe daria um caráter fatalista e determinista, avesso à perspectiva do realismo crítico de Graciliano.

O drama, de fato, não evolui. A estrutura fechada indica a repetição dos mesmos eventos, a condenação ao eterno retorno. Como escreveu Antonio Candido, o encontro do fim com o começo "forma um anel de ferro, em cujo círculo sem saída se fecha a vida esmagada da própria família de retirantes-agregados-retirantes".[12] Por meio dessa construção, o escritor mostra a visão de um mundo opressivo. A mesma coisa ocorre nos romances *São Bernardo* e *Angústia*, com a retomada das páginas iniciais no desfecho dos livros, fechando o círculo narrativo. No caso de Luís da Silva, essa estrutura circular e ininterrupta parece imitar ainda o seu próprio estado psíquico, o emparedamento causado pela ideia fixa. Para todos os personagens, o mundo será sempre uma prisão sufocante, mas não por imposição da natureza ou por qualquer espécie de fatalismo.

Na narrativa sobre os retirantes, o ciclo da seca é o que menos importa. O nomadismo não decorre de um fenômeno natural, mas do fato de Fabiano não poder ser um proprietário vinculado à terra, já que é explorado como bicho e violentamente oprimido. Não é da seca que o sertanejo foge. Pela migração, ele procura escapar da fome e do mandonismo do latifúndio. Trata-se, pois, de um problema social. A luta contra a natureza não está em primeiro plano, a seca propriamente dita só aparece no primeiro e no último capítulo. Como enfatizou Luís Bueno, "as *vidas* são secas — e não a terra".[13]

Se levarmos em conta os traços da literatura sobre a seca, praticada no Nordeste desde a época do Romantismo, seremos obrigados a concluir, definitivamente, que o livro de Graciliano não se adéqua ao rótulo de romance da seca. A tradição é longa: desde *O sertanejo* (1875), de José de Alencar, *Os retirantes* (1879), de José do Patrocínio, *Luzia-Homem* (1903), de Domingos Olímpio, entre outros, até *O quinze* (1930), de Rachel de Queiroz, a tentativa de representar o drama do retirante quase sempre esbarrou em visões fantasiosas, estereotipadas e limitadas, focalizando-se na maioria dos casos apenas o fenômeno climático.

Na descrição, sempre trágica dos retirantes e de seus sofrimentos, presente nesses romances, os clichês se acumulam: a dificuldade enorme da caminhada, a obrigação de se desfazer dos bens, o sacrifício de animais domésticos para saciar a fome, a desagregação da família com a prostituição de filhas pequenas (trocadas por alimentos ou até mesmo por um punhado de sal) e outros processos de degradação e animalização, tudo isso acompanhado pela visão fatalista e pela resignação cristã. Em tempos de seca e de miséria, aparecem os movimentos messiânicos, com suas promessas de redenção, e também a recusa da lei, por parte dos grupos de cangaceiros.[14] Sem esses elementos, a ficção da seca — que se pretende realista — ficaria desprovida de verossimilhança.

Vidas secas estabeleceu diálogos importantes com diversos setores da cultura brasileira. Além do poema *Morte e vida severina* (1956), de João Cabral de Melo Neto, inspirou nos anos 1940 a série *Os retirantes*, de Portinari, e nos anos 1960 a adaptação cinematográfica de

Nelson Pereira dos Santos, entre outras criações. O romance é considerado a obra-prima da literatura sobre a seca. Paradoxalmente, representa uma notável exceção nessa extensa linhagem. Os clichês foram todos excluídos, havendo apenas a morte do papagaio, logo na abertura do livro, e a referência a rezas e crendices, que no entanto sofrem o contraponto da visão distanciada do narrador. A despeito da estrutura circular, a visão fatalista é recusada em favor do realismo crítico, que enfatiza as relações sociais.

O mais importante: *Vidas secas* renova completamente a linguagem utilizada nas obras do gênero. Até *O quinze*, de Rachel de Queiroz, inexistia qualquer esforço de adequação da linguagem à secura da paisagem e à carência dos personagens. Em Euclides da Cunha, por exemplo, a tendência era oposta. Como observou, com bom humor, Mário de Andrade, o que faz o autor de *Os sertões* (1902) é "converter o horror da seca numa página de antologia. Toda a gente admira o esplendor da obra e se esquece da seca".[15]

Graciliano Ramos buscou uma linguagem que pudesse concretizar a realidade da seca. Estabelece também o paralelo entre a aridez do sertão e a escassez das falas dos personagens. Em 1944, em carta a João Condé, o escritor enfatizou a sua intenção de construir o romance pela via da negatividade:

Fiz o livrinho, sem paisagens, sem diálogos. E sem amor. Nisso, pelo menos, ele deve ter alguma originalidade. Ausência de tabaréus bem-falantes, queimadas, cheias, poentes vermelhos, namoro de caboclos. A minha gente, quase muda, vive numa casa velha de fazenda; as pessoas adultas, preocupadas com o estômago, não têm tempo de abraçar-se. Até a cachorra é uma criatura decente, porque na vizinhança não existem galãs caninos.[16]

A ênfase nas fórmulas restritivas, negativas e diminutivas põe em evidência a recusa da velha e estereotipada literatura regionalista. Contra os excessos, Graciliano opta pela depuração, fazendo sua linguagem reduzir-se à seca, ao mínimo e ao ínfimo — cultivando, como escreveu o autor de *Morte e vida severina*, apenas "coisas de não: fome, sede, privação".

7

GRACILIANO RAMOS E JOÃO CABRAL DE MELO NETO

LINGUAGEM SECA E CONTUNDENTE: AFINIDADES ESTÉTICAS DE DOIS DEFENSORES DO "TRABALHO DE ARTE"

A prosa de Graciliano Ramos possui um "equivalente poético": a obra do também nordestino João Cabral de Melo Neto. O autor de *Vidas secas* recusa o lirismo, o derramamento retórico e o ilusionismo das artes que falseiam a realidade. Por essa razão — e a despeito da imagem do escritor "clássico", seguidor de regras e burilador do texto —, deve ser alinhado ao polo moderno da "antiliteratura". O mesmo poderia ser dito de João Cabral, cujo "formalismo" (atitude tão diversa da "libertinagem" dos poetas modernistas) está a serviço de uma poesia despoetizada, radicalmente antilírica.

Os procedimentos básicos da poética de João Cabral coincidem em larga medida com os preceitos defendidos por Graciliano: o senso de medida, proporção e equilíbrio; a forma breve; o desprezo pela melodia e pelas metáforas; o vocabulário conciso e recorrente, com predomínio de substantivos e palavras concretas; a contenção como antídoto da embriaguez etc. A antilira cabralina, emprestando os princípios da arquitetura de Le Corbusier, valoriza a racionalidade, a precisão, a economia de meios. Em sua poesia social, volta-se para a paisagem nordestina, vinculando, como Graciliano, a linguagem do mínimo ("poesia do menos") à realidade carente dos homens que habitam o sertão ou a margem dos rios.

Entre as homenagens de João Cabral ao autor de *Vidas secas*, destacam-se o poema "A palo seco" e o já mencionado "Graciliano Ramos:", inseridos respectivamente nos livros *Quaderna* (1960) e *Serial* (1961). No primeiro, o poeta elogia "o *cante* sem guitarra", incluindo o "desenho de arquiteto" de Graciliano entre as situações e objetos que existem *a palo seco*. E dele retira "higiene ou conselho" — "não o de aceitar o seco/ por resignadamente,/ mas de empregar o seco/ porque é mais contundente".

Já, na segunda homenagem, é curioso o modo como o poeta superpõe a sua figura à do romancista, confundindo-as e tornando-as indissociáveis, para materializar a sintonia, sem paralelo na literatura brasileira, que existe entre as duas obras:

Graciliano Ramos:

Falo somente com o que falo:
com as mesmas vinte palavras
girando ao redor do sol
que as limpa do que não é faca:

de toda uma crosta viscosa,
resto de janta abaianada,

GRACILIANO RAMOS E JOÃO CABRAL DE MELO NETO

que fica na lâmina e cega
seu gosto da cicatriz clara.

* * *

Falo somente do que falo:
do seco e de suas paisagens,
Nordestes, debaixo de um sol
ali do mais quente vinagre:

que reduz tudo ao espinhaço,
cresta o simplesmente folhagem,
folha prolixa, folharada,
onde possa esconder-se na fraude.

* * *

Falo somente por quem falo:
por quem existe nesses climas
condicionados pelo sol,
pelo gavião e outras rapinas:

e onde estão os solos inertes
de tantas condições caatinga
em que só cabe cultivar
o que é sinônimo da míngua.

* * *

> Falo somente para quem falo:
> quem padece sono de morto
> e precisa um despertador
> acre, como o sol sobre o olho:
>
> que é quando o sol é estridente,
> a contrapelo, imperioso,
> e bate nas pálpebras como
> se bate numa porta a socos.[1]

A mensagem é clara e direta. Apresenta-se com regularidade métrica, ordenação simétrica, sonoridade aberta, "girando ao redor do sol". O sinal de dois pontos, estampado já no título e repetindo-se ao longo da estrutura sempre nas mesmas posições (no primeiro e no último verso da estrofe inicial de cada uma das quatro partes), também deixa explícito o propósito do poema de ser uma peça de esclarecimento. Trata-se de apresentar, por meio da enumeração explicativa, a fala seca e agressiva do escritor nordestino, dizer em que consiste, de onde vem, quem representa, para quem se destina.

A presença dos dois pontos no título produz uma ambiguidade: Graciliano pode ser tanto o emissor quanto o ouvinte do que se enuncia no poema. No discurso em primeira pessoa, convergem as vozes do poeta e do romancista, ambos utilizando a mesma estratégia para obter os mesmos fins, isto é, a literatura empenhada, porém exigente consigo mesma, que não abre mão da preocupação estética.[2] O advérbio "somente", tal como no fragmento sobre as lavadeiras, não indica limitação, mas o trabalho rigoroso e exaustivo em busca do essencial.

Além de caracterizar a linguagem, importa frisar sua adequação à terra e ao meio social. Como uma faca limpa, ela está livre de tudo que é prolixo e desnecessário ("o resto é bagaço", nas palavras do narrador de *São Bernardo*). A exemplo do sol, seu objetivo maior é despertar os homens. As características do sol são almejadas também para o discurso literário: "acre", "estridente", "imperioso", "a contrapelo".

Cabe relembrar aqui uma anedota esclarecedora: quando era prefeito de Palmeira dos Índios, Graciliano Ramos mandou abrir estradas. A referência que faz ao assunto, no primeiro relatório enviado ao governador de Alagoas, vale por uma definição de seu método e de sua estética: "Procurei sempre os caminhos mais curtos. Nas estradas que se abriram só há curvas onde as retas foram inteiramente impossíveis. Evitei emaranhar-me em teias de aranha".[3]

A estrada curta e reta equivale à frase clara e enxuta, que não faz rodeios, que não tolera expansões, que vai direto ao ponto. O leitor de Graciliano notará que a fala do prefeito é indissociável de sua prática literária. Reconhecemos aí o artista incapaz de fazer concessões, avesso a virtuosismos, resistente aos adjetivos e a qualquer forma de desperdício verbal.

Na autocrítica que encerra o romance *Caetés*, João Valério repudia a "admiração exagerada às coisas brilhantes, ao período sonoro, às miçangas literárias, o que me induz a pendurar no que escrevo adjetivos de enfeite, que depois risco…".[4] Tal gosto pela ornamentação é posto na conta da selvageria que, segundo o narrador, estaria por baixo do seu verniz de homem civilizado.

A referência aos índios também aparece no segundo relatório ao governador de Alagoas. O prefeito volta ao assunto da construção de rodovias, desta vez apontando a origem arcaica e primitiva das estradas retorcidas:

> Possuímos uma teia de aranha de veredas muito pitorescas, que se torcem em curvas caprichosas, sobem montes e descem vales de maneira incrível. O caminho que vai a Quebrangulo, por exemplo, original produto de engenharia tupi, tem lugares que só podem ser transitados por automóvel Ford e por lagartixa. Sempre me pareceu lamentável desperdício consertar semelhante porcaria.[5]

É interessante comparar esse trecho com a descrição metafórica do estilo de Guimarães Rosa, feita por Graciliano alguns anos depois de ter participado do júri de um concurso literário no qual concorria a primeira versão dos contos *Sagarana*: "aquele era trabalho sério em demasia. Certamente de um médico mineiro, lembrava a origem: montanhoso, subia muito, descia — e os pontos elevados eram magníficos, os vales me desapontavam".[6]

Para o autor de *Vidas secas*, os excessos soavam intoleráveis. Daí a crítica à "dissipação naturalista" identificada por ele na escrita de Guimarães Rosa. Ao estilo montanhoso, prefere a concisão óssea — postura crítica que se opõe ao encantamento com a multiplicidade do real.

Aparentemente mais fácil, a construção da estrada curta e reta exige, na verdade, muita técnica, esforço e vigilância. O trabalho é árduo e criterioso, conforme descreveu Graciliano em uma famosa conversa com o jornalista Joel Silveira:

> — Deve-se escrever da mesma maneira como as lavadeiras lá de Alagoas fazem seu ofício. Sabe como elas fazem?
>
> — Não.

— Elas começam com uma primeira lavada. Molham a roupa suja na beira da lagoa ou do riacho, torcem o pano, molham-no novamente, voltam a torcer. Depois colocam o anil, ensaboam, e torcem uma, duas vezes. Depois enxáguam, dão mais uma molhada, agora jogando a água com a mão. Depois batem o pano na laje ou na pedra limpa e dão mais uma torcida e mais outra, torcem até não pingar do pano uma só gota. Somente depois de feito tudo isso é que elas dependuram a roupa lavada na corda ou no varal, para secar. Pois quem se mete a escrever devia fazer a mesma coisa. A palavra não foi feita para enfeitar, brilhar como ouro falso, a palavra foi feita para dizer.[7]

O trabalho das lavadeiras, tão desvalorizado e humilde, envolve cálculo, rigor e paciência. Da roupa suja à roupa lavada, transcorre um lento processo de depuração envolvendo diversas etapas e sua alternância: molhar, torcer, ensaboar, torcer, enxaguar, torcer etc. As repetições marcam a insistência do esforço e a consciência do método. "Somente" depois é que se dependura no varal, para secar, o pano do qual já não pinga "uma só gota". Em seu trabalho exigente, o que fazem as lavadeiras é imitar o próprio sol. A roupa assim lavada é a cifra da palavra rigorosa, que se obtém por meio do labor e da disciplina, e cuja natureza é "dizer", não apenas "enfeitar, brilhar como ouro falso".

Além de explicitar uma visão nada romântica da literatura, o fragmento expõe a mecânica a que João Cabral de Melo Neto, em sua defesa da racionalidade da composição artística, chamou de "trabalho de arte". O autor de *Morte e vida severina* também ofereceu em sua obra diversos símiles da arte literária, comparando-a com o trabalho de catadores de feijão, toureiros, jogadores de futebol e até mesmo aos galos cantadores que tecem a manhã.

Se João Cabral menosprezava o papel da inspiração, Graciliano também chegou a afirmar, citando Romain Rolland, que "a arte é uma técnica". Crítico das liberdades e espontaneidades em voga na geração modernista da década de 1920, dizia acreditar nos "90% de transpiração". A composição de *São Bernardo*, por exemplo, tinha sido minuciosa e paciente, com o trabalho se estendendo das seis da manhã à meia-noite. Em carta à mulher Heloísa Ramos, o escritor compõe novo símile com o trabalho manual ao relatar o seu processo de criação: "Continuo a consertar as cercas de *São Bernardo*. Creio que está ficando uma propriedade muito bonita".[8]

Para escrever (secar), é preciso suar. Imitando as lavadeiras do sertão, o escritor entrega-se ao trabalho de sol a sol. Daí a sua irritação com os iniciantes que desconhecem as normas e exigências do ofício:

> Um cavalheiro nos amola querendo atenuar os prováveis defeitos de uma novela forjada em quinze dias. Falhas naturais, não é verdade? Foi a pressa. Quem exigiu tanta pressa? O nosso autor exporia obra mais aceitável se aguentasse dois anos, teimoso e paciente, o suadouro mencionado pelo crítico português. O dever do tipo que se dedica a este ofício é diminuir as suas imperfeições. Impossível dar cabo delas. Bem, já é um triunfo minorá-las. Não devemos confiar às cegas num amável dom que a Divina Providência nos ofereceu. Em primeiro lugar não é certo havermos recebido tal presente. E, admitindo-se a dádiva, não nos ensinou as regras indispensáveis à fatura de um romance.[9]

No final dos anos 1940, Graciliano Ramos foi o temido revisor do *Correio da Manhã*, um dos jornais mais importantes da época, dividindo sala com os críticos Álvaro Lins e Otto Maria Carpeaux. Passava a noite na "banda do remendão", corrigindo a sintaxe dos repórteres, fazendo consultas demoradas ao dicionário. Metódico, irritadiço e autoritário, não tolerava adjetivos, extravagâncias, pedantismo ou falta de clareza. Censurava as reticências ("é melhor dizer do que deixar em suspenso") e também as exclamações ("não sou idiota para viver me espantando à toa").[10]

No entender de Graciliano, para que a palavra possa simplesmente "dizer", é necessário recusar os excessos da linguagem acadêmica, pernóstica, "acanalhada", que não corresponde à fala comum. É a lição dada por Paulo Honório ao jornalista Gondim na abertura de *São Bernardo*. O mesmo conselho é transmitido a Heloísa Ramos: os personagens devem falar como todos falam. "Foi o palavreado difícil de personagens sabidos demais que arrasou a antiga literatura brasileira. Literatura brasileira uma ova, que o Brasil nunca teve literatura. Vai ter de hoje em diante", escreveu em carta de 28 de janeiro de 1936, pouco antes de ser preso, quando terminava a redação de *Angústia*.[11]

A pesquisa cuidadosa do modo de falar do sertanejo constitui um dos trunfos de *São Bernardo*, cuja linguagem foi inteiramente refeita para adequar-se ao português brasileiro, como informa Graciliano em suas cartas a Heloísa. Aprendendo diretamente com os caboclos do Nordeste, descobriu que entre eles a língua tinha se conservado mais pura. Como Mário de Andrade e Guimarães Rosa, mas sem os exageros que estes cometeram, o escritor alagoano preocupou-se com a fixação da língua nacional, indispensável para seu projeto de literatura realista, enraizada, que pudesse ser entendida por todos.

Na sintaxe de *São Bernardo*, predominam os períodos curtos, com orações coordenadas ou independentes. O vocabulário é conciso, com prevalência de substantivos. Há uma tendência marcante ao embrutecimento linguístico, que se nota pelo uso de palavrões, gírias e de termos que rebaixam e animalizam (por exemplo, "cascos" ou "beiços", no lugar de pés e lábios). Como observou José Carlos Garbuglio, a escrita de Graciliano é "clássica", muito correta. Por outro lado, é iconoclasta, procura "a palavra que agride", e não os eufemismos, sendo "profundamente anticlássica" nesse seu ímpeto de "traduzir a violência estrutural na violência frásica".[12]

Há uma correspondência entre a linguagem brutal e a vida degradada dos personagens, vivendo seu cotidiano menor e monótono em ambientes sujos, sem beleza, como os espaços pestilentos descritos em *Angústia*:

> De todo aquele romance que se passou num fundo de quintal, as particularidades que melhor guardei na memória foram os montes de cisco, a água empapando a terra, o cheiro dos monturos, urubus nos galhos da mangueira, farejando ratos em decomposição no lixo. Tão morno, tão chato! Nesse ambiente empestado Marina continuava a oferecer-se, negaceando. Conservava-me preso, fazendo gatimanhos, esticando a saia estreita que lhe mostrava bem as coxas e as nádegas.[13]

A aspereza do estilo está em pleno acordo com a personalidade ácida do narrador. Sentindo-se rejeitado pela sociedade, um "molambo", mais do que um cidadão, Luís da Silva não dá importância aos valores sociais. O amor é visto igualmente como hipocrisia, sofrendo em suas páginas um drástico rebaixamento. Ao "ambiente empestado", cheio de imundícies, onde ocorre a decomposição dos ratos, será eternamente associada a lembrança de Marina, a mulher que o atraiu e o traiu. Por jamais ter sido possuída, sua imagem surge na evocação do narrador quase sempre incompleta, fragmentada, pessoa que nunca se revela ou se entrega em sua inteireza: um corpo que, a exemplo dos ratos, se decompõe em "coxas" e "nádegas"; um nome que se presta a passatempos anagramáticos, seccionado em palavras menores (ar, mar, rima, amar etc.).

Por meio da linguagem baixa, cheia de palavrões, Luís da Silva explicita todo o seu ódio contra o mundo que o excluiu. Estilo agressivo e vocabulário rebaixado servem ainda para criticar os discursos oficiais e, obviamente, a própria literatura. Esta, no juízo do narrador, é que merecia ser qualificada como obscena: "A linguagem escrita é uma safadeza que vocês inventaram para enganar a humanidade, em negócios ou com mentiras".[14]

Entretanto, nem tudo em Graciliano é ordem, concisão ou transparência. A homenagem de João Cabral Melo Neto no poema "Graciliano Ramos:", sem deixar de ser verdadeira, está longe de exibir um retrato completo do escritor. "O engenheiro sonha coisas claras/ superfícies, tênis, um copo de água", escreveu o poeta pernambucano em uma de suas mais famosas composições. Ao focalizar o autor de *Vidas secas*, João Cabral só tem olhos para a escrita seca das "coisas claras", recusando-se, pelo amor das superfícies concretas, a imergir em nebulosas profundidades.

A zona obscura da subjetividade — veia central da literatura de Graciliano — não entra no campo de visão do engenheiro. Escapa também à racionalidade do prefeito de Palmeira dos Índios que evitava a todo custo os vales e as curvas. A imagem da estrada reta tampouco faz jus à complexidade de sua obra literária. Serve como metáfora para a escrita de *São Bernardo*: linguagem em linha reta dando forma ao trajeto contínuo, veloz, desimpedido, do fazendeiro Paulo Honório. Entretanto, quando seu poder e sua identidade entram em crise, percebemos, na própria forma do romance, a passagem da linha reta para o território sombrio das curvas, dos emaranhados, das teias de aranha.

Em *Angústia*, a subjetividade, com seus desvãos, comanda integralmente a composição. Por esse motivo, a linguagem se torna excessiva, tortuosa, um desnorteante zigue-zague. Em *Vidas secas*, há novo apelo à objetividade, mas o relato em terceira pessoa, persistindo na escavação do mundo interior, reencontra a frustração e o ressentimento, sendo a mola propulsora das repetições.

A ficção de Graciliano Ramos oscila, portanto, entre o caminho reto e a curva, entre a forma-romance (realista, objetiva) e a forma-confissão (que produz sombras e deformações). De um lado, temos o escritor "clássico", que manipula a linguagem com racionalidade e senso de economia, a exemplo do pragmático prefeito. Do outro, o artista subversivo em relação aos seus próprios valores estéticos, enredado no inferno psíquico de seus "bichos do subterrâneo" (expressão de Antonio Candido inspirada na obra de Dostoiévski).

O poema de João Cabral homenageia o escritor disciplinado, autor de ficção realista. Mas a forma-confissão parece acarretar uma certa perda de domínio, exatamente como ocorre com o narrador de *São Bernardo*. No caso de *Angústia*, que é bem mais confessional e delirante, o romancista confessa ter perdido várias vezes o controle sobre a escrita do livro.

Graciliano jamais voltou atrás na defesa do "trabalho de arte", árduo e vigilante. Mas também relatou ter sofrido "transes" na criação de partes importantes de sua obra (o capítulo 19 de *São Bernardo* e as páginas finais de *Angústia*). Às vezes emitia juízos que poderíamos considerar antigracilianicos. Em artigo de 1950, por exemplo — época em que o próprio alagoano, criticando a assepsia, decide mergulhar na matéria nordestina suja e escura —, chegou a corrigir e relativizar, ao menos para o campo específico do romance, a visão racionalista e idealista de sua "psicologia da composição":

> [...] não podemos preestabelecer um romance. Ideias imprevistas surgem na composição; circunstâncias de valor duvidoso ganham relevo, conjugam-se, mudam-se em fatos essenciais, originam cir-cunstâncias novas, estas se reforçam, causam outras, numa extensa cadeia, e isto nos desvia da linha imaginada; a personagem, simples esboço, entra a viver no papel, cresce ou diminui, comporta-se às vezes contra os nossos desejos: os caracteres definem-se na ação.[15]

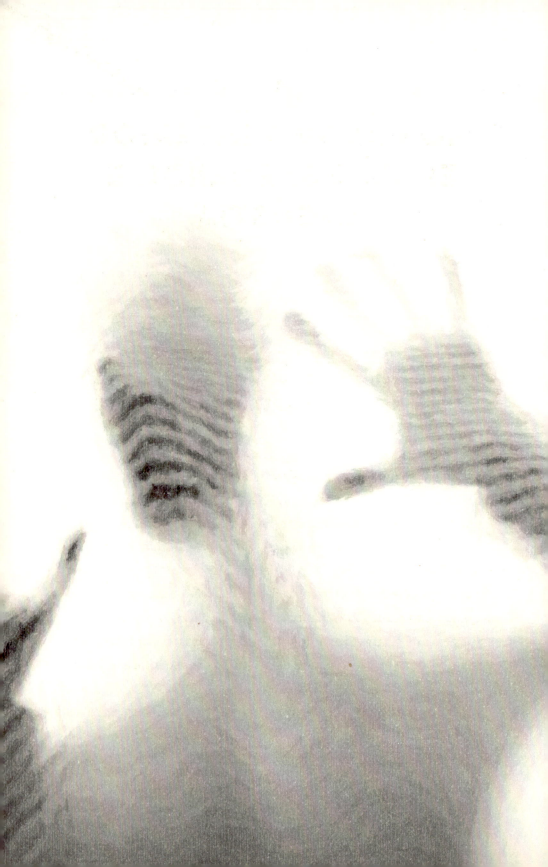

8
MONÓLOGO INTERIOR EM *SÃO BERNARDO* E *ANGÚSTIA*

ENTRE A ORDEM E A DESORDEM, A OBJETIVIDADE E A FANTASMAGORIA: FLUXO DE CONSCIÊNCIA E EXPERIMENTAÇÕES DE VANGUARDA

"Os caracteres definem-se na ação." Na obra de Graciliano Ramos, o melhor exemplo de desvio e alteração do personagem, acarretando também mudanças na narração, está em *São Bernardo*.

Antes do casamento com Madalena, o discurso claro e direto de Paulo Honório dá corpo à sua trajetória vitoriosa: "O meu fito na vida foi apossar-me das terras de S. Bernardo...", diz o narrador no segundo capítulo. Para apropriar-se da mulher, usará a mesma estratégia que empregou na conquista da fazenda: a caminhada em linha reta, a marcação rigorosa do tempo, o dinamismo, a objetividade (*time is money*, a burguesia tem pressa).

Na segunda parte do romance, a partir do capítulo 19, ocorre a desagregação do sujeito, corroído pelo ciúme e por uma crise que se dá em todos os níveis. O vitorioso Paulo Honório perde o seu dinamismo e a certa altura admite: "Sou um homem arrasado". No capítulo 23, as máquinas da fazenda também param — "um volante empenado e um dínamo que emperrava" impedem o funcionamento do descaroçador e da serraria. Mencionados mais de uma vez, esses equipamentos podem ser associados ao próprio estilo da narrativa[1] — que mantêm, enquanto pode, a obsessão pelo corte, o desejo de extirpar a "folharada", de "descascar os fatos", rejeitando o "bagaço". Mas tudo isso emperra, a exemplo do descaroçador.

Enquanto os paióis se enchem de algodão, a linguagem e o relato também passam a acumular inesperados "excessos". Os sentimentos íntimos afloram, surgem dúvidas e indagações. O embate com Madalena impõe novo ritmo e nova feição à narrativa. A objetividade da primeira parte do romance, relativa ao período de conquista da propriedade, dá lugar a outro modo de narrar, sem o distanciamento que caracteriza o modelo do romance realista burguês. Entra em cena a "forma-confissão", inclusive com o uso do monólogo interior, um dos recursos mais característicos do romance moderno, que depois será retomado e aprofundado em *Angústia*.

Situado no centro do romance, como um divisor de águas, o célebre capítulo 19 marca o ponto de virada no qual a escrita de Paulo Honório, saindo dos limites da concisão e da clareza, "passa a ser contaminada pelo veneno do discurso de Madalena".[2] O leitor é reconduzido ao tempo da enunciação, o presente solitário da composição do livro:

> Quando os grilos cantam, sento-me aqui, à mesa da sala de jantar, bebo café, acendo o cachimbo. Às vezes as ideias não vêm, ou vêm muito numerosas — e a folha permanece meio escrita, como estava

na véspera. Releio algumas linhas, que me desagradam. Não vale a pena tentar corrigi-las. Afasto o papel.

Emoções indefiníveis me agitam — inquietação terrível, desejo doido de voltar, tagarelar novamente com Madalena, como fazíamos todos os dias, a esta hora. Saudade? Não, não é isto: é desespero, raiva, um peso enorme no coração.[3]

É esse o momento em que a escrita também emperra sob o "peso enorme" das "ideias numerosas" e das "emoções indefiníveis" (os excessos, a folharada) que agitam a consciência do narrador. Nessas ocasiões, o relato é suspenso, "e a folha permanece meio escrita". No capítulo 19, o ritmo acelerado das ações se interrompe, dando lugar ao pensamento desnorteado. Para dar forma ao delírio, a linearidade narrativa é substituída por um movimento de zigue-zague:

Lá fora os sapos arengavam, o vento gemia, as árvores do pomar tornavam-se massas negras.

— Casimiro!

Casimiro Lopes estava no jardim, acocorado ao pé da janela, vigiando.

A figura de Casimiro Lopes aparece à janela, os sapos gritam, o vento sacode as árvores, apenas visíveis na treva. Maria das Dores entra e vai abrir o comutador. Detenho-a: não quero luz.[4]

Em que tempo ocorre a ação narrada: presente ou passado? A narrativa, antes tão clara, agora confunde o leitor. No fragmento citado, a partir da entrada do fiel criado Casimiro Lopes, os verbos passam para o tempo atual. No parágrafo anterior, Paulo Honório se referia à sua dificuldade de entender as palavras de Madalena, que ele ouvia de luzes apagadas, "dois vultos indistintos na escuridão". Agora, a realidade presente se mistura à evocação do passado, produzindo um tempo fantasmagórico. As árvores se transformam em "massas negras", "apenas visíveis na treva", e o narrador se compraz no ambiente escuro: "não quero luz". A escuridão que deixa as coisas indistintas é o motivo dominante no capítulo.

Se antes, no momento da ação, Paulo Honório tinha controle absoluto sobre o tempo, agora, no momento da reflexão, entrega-se a uma temporalidade inexistente, que o relógio é incapaz de marcar:

> O tique-taque do relógio diminui, os grilos começam a cantar. E Madalena surge no lado de lá da mesa. Digo baixinho:
> — Madalena!
> A voz dela me chega aos ouvidos. Não, não é aos ouvidos. Também já não a vejo com os olhos.
> Estou encostado à mesa, as mãos cruzadas. Os objetos fundiram-se, e não enxergo sequer a toalha branca.[5]

Os verbos continuam no presente. Instala-se uma atmosfera onírica em que tudo se mistura: os tempos, os objetos, as percepções sensoriais. O narrador enfatiza a dificuldade de enxergar nitidamente as coisas — nem mesmo a "toalha branca", metáfora da clareza e da limpidez que se lhe tornaram inacessíveis. Encostado, com as mãos cruzadas, a sua paralisia lembra a inércia que nos acomete nos sonhos, onde atuamos muitas vezes como meros espectadores. Também é próprio dos sonhos o estado contraditório da pessoa que se sente, como Paulo Honório, "ao mesmo tempo zangada e tranquila". Os detalhes mais simples escapam à sua capacidade de visão e discernimento:

> A toalha reaparece, mas não sei se é esta toalha sobre que tenho as mãos cruzadas ou a que estava aqui há cinco anos.
>
> Rumor do vento, dos sapos, dos grilos. A porta do escritório abre-se de manso, os passos de seu Ribeiro afastam-se. Uma coruja pia na torre da igreja. Terá realmente piado a coruja? Será a mesma que piava há dois anos? Talvez seja até o mesmo pio daquele tempo.
>
> Agora seu Ribeiro está conversando com d. Glória no salão. Esqueço que eles me deixaram e que esta casa está quase deserta.[6]

Reaparecem a toalha e o pio da coruja, e a respeito de ambos se faz a mesma pergunta: serão os mesmos daquele tempo? Na abertura do livro, nos dois capítulos considerados "perdidos", o pio da coruja, remetendo à imagem de Madalena, já havia feito a ponte entre o tempo do enunciado e o tempo da enunciação. Agora, na atmosfera surrealista do capítulo 19, o que se propõe é a mescla absoluta: "talvez seja até o mesmo pio daquele tempo". Coisa tão impossível quanto a presença fantasmagórica dos personagens que abandonaram a casa, com sua conversa "sem palavras" que, mesmo à distância, o narrador afirma ouvir com clareza:

> Se eu convencesse Madalena de que ela não tem razão... Se lhe explicasse que é necessário vivermos em paz... Não me entende.

Não nos entendemos. O que vai acontecer será muito diferente do que esperamos. Absurdo.[7]

Até o desfecho do capítulo, o tempo verbal será unicamente o presente. Não que o narrador tenha simplesmente voltado ao passado, algo que na verdade ocorria antes, nas páginas escritas no pretérito; as coisas do passado é que se intrometeram no presente, voando pela casa deserta e escura como "aves amaldiçoadas", como se o seu retorno exprimisse uma espécie de revolta, que inquieta o narrador.

De acordo com Graciliano Ramos, até o capítulo 18, a escrita de *São Bernardo* correu sem transtorno (à semelhança da trajetória do herói). Um dia, porém, ao entrar em casa, sentiu arrepios: "À noite, com febre, fiz o capítulo 19, uma confusão que mais tarde, quando me restabeleci, conservei".[8] O depoimento ressalta tanto a febre como o restabelecimento — não só a confusão mas também a decisão, tomada posteriormente, de mantê-la.

No texto, podemos notar as marcas desse distanciamento. Após a palavra "absurdo", que soa como advertência, segue a referência a um "grande silêncio", no qual desaparecem todos os ruídos. Nos parágrafos finais, o narrador recobra a consciência. Embora o escuro não lhe permita enxergar o relógio (que parou de bater, como as máquinas da fazenda), o nevoeiro, que encobria a realidade, termina por se desfazer. Paulo Honório sabe que "estamos em julho", que não há vento, nem sapos, nem grilos. "Quanto às corujas, Marciano subiu ao forro da igreja e acabou com elas a pau", acrescenta o narrador em seu velho estilo.

Como se despertasse de um pesadelo, a narração retoma seu curso, procurando acercar-se das tais "emoções indefiníveis", mas sem perder de todo a objetividade. Restabelecido da confusão, Paulo Honório abandona o zigue-zague e prossegue de novo em linha reta. Já nas primeiras linhas do capítulo 20, mostra-se endireitado, cerimonioso:

> Conforme declarei, Madalena possuía um excelente coração. Descobri nela manifestações de ternura que me sensibilizaram. E, como sabem, não sou homem de sensibilidades. É certo que tenho experimentado mudanças nestes dois últimos anos. Mas isso passa.[9]

"Não sou homem de sensibilidades", "mas isso passa"... Essas orações negativas e adversativas exprimem a resistência do narrador a mergulhar em si mesmo e nos próprios sentimentos. Até o desfecho de *São Bernardo* — mesmo com a ruína da fazenda, o emperramento das máquinas, o relógio parado —, Paulo Honório insiste em manter seu domínio, o que implica estar sempre alerta para controlar a febre e podar racionalmente os excessos de sua subjetividade.

Na interpretação de vários críticos, além de perder o controle sobre o mundo à sua volta, o fazendeiro perde também o domínio de si mesmo e dos próprios objetivos ("e os meus passos me levavam para os quartos, como se procurassem alguém", escreve no penúltimo capítulo). Seu desnorteio estaria figurado no ritmo zigue zagueante, "dando voltas sempre em torno do mesmo problema".[10]

Entretanto, se comparado a *Angústia* — em que a narração delirante, efetivamente, deforma os contornos da realidade, dissolvendo enredo, espaço, personagens e cronologia —, o fluxo de consciência apresentado em *São Bernardo* é ainda bastante tímido e controlado. Mesmo no capítulo 19, que contém o ápice da subjetivação, a impressão é de que o narrador se esforça para dominar a corrente de associações mentais. Não sonha: relata com distanciamento o sonho.

A estranheza dos fatos é acusada e relativizada pela atuação da mente em vigília. Daí a proliferação de conjunções adversativas e de vocábulos como "loucura", "esquisito" e "absurdo". A consciência está inteiramente desperta em notações como esta: "esqueço que eles me deixaram e que esta casa está quase deserta". Registra-se a ficção, mas também a sua absurdidade: "Padilha assobia no alpendre. Onde andará Padilha?". Dois pontos de vista em curto-circuito: na frase afirmativa, a fantasia; na interrogativa, o contraponto da realidade.

De qualquer maneira, com *São Bernardo* Graciliano Ramos encontrou, como observou Álvaro Lins, o seu plano de ficcionista, o romance psicológico. O seu mundo romanesco não seria caracterizado pela invenção de acontecimentos: "O que transmite vitalidade e beleza artística aos seus romances não é o movimento exterior, mas a existência interior dos personagens".[11] Apenas em *Angústia*, porém, a narrativa promoverá de fato um rompimento com o mundo, para revelar tão somente o fluxo da vida interior de um narrador-protagonista não só egocêntrico mas "emparedado em si mesmo".

Angústia é um romance vanguardista. A técnica de produção do monólogo interior, ainda recente na Europa, e cuja introdução no Brasil costuma ser atribuída a Clarice Lispector, na verdade foi empregada com êxito já na literatura realista da década de 1930. O centro do romance, conforme também observou Álvaro Lins, é o processo psicológico. Não se trata apenas de um diário íntimo — como *O amanuense Belmiro*, publicado pelo mineiro Cyro dos

Anjos em 1937, um ano depois de *Angústia*, com personagem e temática semelhantes, mas tratados liricamente. Graciliano Ramos não escreveu um "romance psicológico", categoria que pertence na verdade ao realismo do século xix. À maneira de Proust, o que ele realiza é a investigação de mecanismos psíquicos.

Como a vida interior possui tempo e espaço ilimitados, a "história" de Luís da Silva é narrada em fluxo contínuo, digressivo e caótico, sem preocupação com coerência ou objetividade. Fatos e personagens do passado próximo se misturam às evocações de diversas fases do tempo antigo, especialmente da infância, e às imagens delirantes que atravessam a mente do narrador no presente da escrita. A estrutura é baseada em associações, desdobramentos, repetições, ampliações de pormenores — coisas que deformam o mundo observado, distanciando o romance da tradição realista.

Em *Angústia*, juntam-se então os procedimentos modernos do monólogo interior e da "construção em abismo" (a escrita do livro dentro do livro, a duplicação da narrativa nuclear em outras narrativas menores). Como estamos dentro da mente, todas as coisas irrompem ao mesmo tempo, de cambulhada, ressoando no presente com a mesma intensidade que tiveram no passado.

"Tenho-me esforçado por tornar-me criança — e, em consequência, misturo coisas atuais a coisas antigas", escreve Luís da Silva. O que está em jogo, como observou Adélia Bezerra de Menezes, não é o esforço para se tornar criança, mas a impossibilidade de deixar de sê-lo.[12] Tal impossibilidade de se livrar do passado é um dos traços da neurose. Apto a registrar a experiência psíquica, o monólogo interior, aqui, daria expressão a uma "síndrome de angústia". O clima de sufocação que percorre toda a narrativa estaria ligado à sexualidade reprimida do personagem, em uma possível interpretação psicanalítica.

Angústia é, com efeito, um dos romances brasileiros que mais estimulam esse tipo de abordagem. Álvaro Lins já havia associado a forma do romance ao método da "confissão psicanalítica". Roger Bastide apontou a "extraordinária análise da frustração sexual", assim como Antonio Candido, que ressaltou a presença do recalque e de símbolos fálicos (cobras, canos, cordas). Otto Maria Carpeaux, por sua vez, chamou atenção para a atmosfera de sonho (ou pesadelo) que circula na obra de Graciliano:

> É assim com todos nós outros, quando entramos no mundo empastado e nevoento, noturno, onde os romances de Graciliano Ramos se passam: no sonho. Os hiatos nas recordações, a carga de acontecimentos insignificantes com fortes afetos inexplicáveis, eis a própria "técnica do sonho", no dizer de Freud.[13]

Esboçada em *São Bernardo*, onde se concentra em um único capítulo, a técnica do sonho se espalha por todas as páginas do relato de Luís da Silva. Menos controladas, as associações mentais criam um texto mais gorduroso, que surpreende ao destoar do estilo seco de Graciliano. Os originais de *Angústia* foram entregues à datilógrafa no mesmo dia da prisão do autor em Maceió, 3 de março de 1936. O escritor queixava-se de não ter podido revisar as provas, pois julgava necessário eliminar "pelo menos um terço" do romance. A publicação ocorreu enquanto estava na cadeia. Em *Memórias do cárcere*, são feitas várias críticas ao narrador "falastrão", que "vivia a badalar à toa reminiscências da infância, vendo cordas em toda a parte". O escritor achava que a edição encalharia no depósito. Além de "desagradável", "abafado", "povoado de ratos, cheio de podridões", o romance lhe parecia apenas um "solilóquio doido, enervante, e mal escrito".[14]

Os mesmos defeitos seriam apontados em uma carta enviada em 1945 a Antonio Candido: "muita repetição desnecessária, um divagar maluco em torno de coisinhas bestas, desequilíbrio, excessiva gordura".[15] À desconfiança do autor, somou-se o estranhamento da crítica. O próprio Antonio Candido se mostrou, a princípio, um tanto reticente diante do romance "espetacular", menos discreto que os anteriores, que a seu ver apresentava "partes gordurosas e corruptíveis", entre outros defeitos.[16]

Já Álvaro Lins, apesar de sua leitura conservadora de *São Bernardo*, a respeito de *Angústia* foi capaz de uma compreensão surpreendente. Se a narração feita por Paulo Honório havia sido tachada de inverossímil (o livro, segundo ele, deveria ser contado de modo impessoal, na terceira pessoa), tal problema não existiria em *Angústia*, que de fato exigia a narração na primeira pessoa. E sendo Luís da Silva um indivíduo possesso, que não se domina, entregue a um estado de vertigem e alucinação — um personagem em transe, como os de Clarice Lispector —, essa permanente angústia só poderia resultar num relato tumultuado: "Assim, uma certa desordem, que se observa em *Angústia*, com uma linha condutora em zigue-zague, não é um defeito, mas um caráter do livro".[17]

Em suma, o que prevalece é sempre a coerência entre forma e fundo, entre tema e estrutura. Em *São Bernardo*, a objetividade se deve ao domínio e à firmeza do protagonista, em sua experiência de ascensão burguesa. Tais atributos serão fortemente abalados graças à intervenção de Madalena, mas sem que se elimine a racionalidade do fazendeiro, cujo relato não chega a ser delirante.

Em *Angústia*, o protagonista vive um processo de dissolução mais profundo e avassalador. O mergulho na subjetividade não é apenas o tema central, mas se torna o princípio da composição do romance. Ainda assim, a explosão do desvario recalcado no livro anterior não chega a extinguir a força da representação realista e o controle do escritor sobre a desordem e a obscuridade. Nas palavras de Antonio Candido, trata-se "de caos organizado, de delírio submetido à análise minudente que o torna inteligível".[18]

Longe de significar um mero fetiche vanguardista ou um fim em si mesmo, o monólogo interior pode ser considerado um instrumento do realismo: "Graciliano busca precisamente, com o auxílio da *stream of consciousness*, tornar imediatamente evidente uma realidade concreta e essencial: o desequilíbrio e a dissolução psíquica do personagem, reproduzindo com maior intensidade dramática o seu desespero e a sua derrota *socialmente condicionados*".[19]

Em suma, a obra de Graciliano está atravessada pela tensão entre a lucidez, responsável pela "clara geometria do estilo", e os "desordenados impulsos interiores". Radicalizando a experiência de *São Bernardo*, a narrativa de Luís da Silva não deixa dúvida quanto à existência dessas duas faces antagônicas: de um lado, o artista impecável, "clássico", exímio estilista; do outro, o escritor transgressivo, afeito a experimentações que o colocam na vanguarda da ficção brasileira.

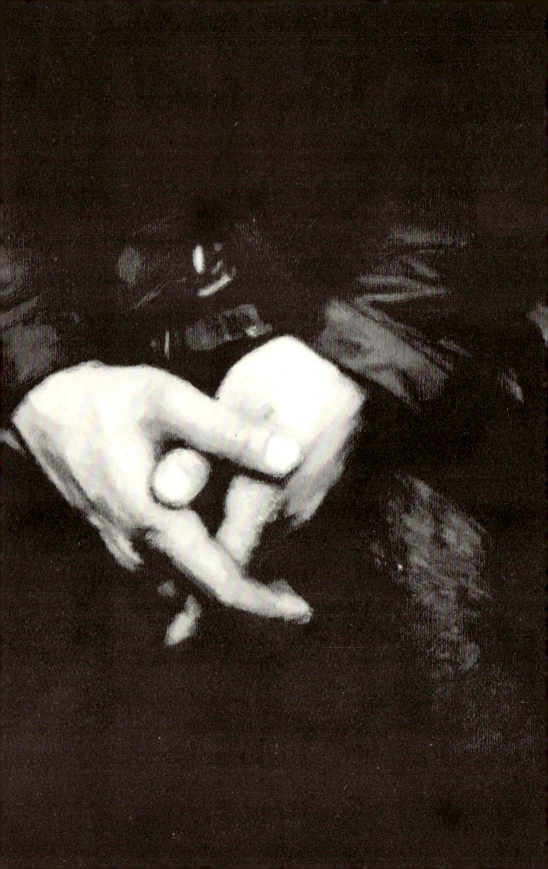

9
FRACASSO E DECADÊNCIA: O LUGAR DO INTELECTUAL

ENTRE O PRESENTE E O PASSADO: TRANSFORMAÇÕES DA SOCIEDADE BRASILEIRA E TEMÁTICA DA FRUSTRAÇÃO EM *ANGÚSTIA*

Uma reclamação de Graciliano, segundo depoimento de seu filho, Ricardo Ramos: a visão intimista, "quase psicanalítica", que predominava a respeito de *Angústia*, deixou em segundo plano "suas muitas intenções no campo social". Inversamente, o escritor também desejava que a análise de *São Bernardo* fosse menos "sociológica" e que enxergassem no romance o drama humano, além do perfil do proprietário rural.[1]

Com efeito, a "angústia" de Luís da Silva não deve ser vista apenas como doença resultante da repressão sexual e dos traumas afetivos da infância. Tampouco deve ser limitada às concepções existencialistas de Heidegger ou Kierkegaard, pois o que está em jogo não é uma inquietude decorrente da condição humana, motivada pela consciência filosófica do vazio e do absurdo.

A etimologia do termo "angústia", que vem do latim *ango* (apertar), se relaciona de formas diversas com o enredo e o personagem de Graciliano. Está ligada ao episódio central do estrangulamento, que por sua vez se desdobra em inúmeros motivos concernentes ao afogamento, à sufocação, ao estreitamento dos espaços etc. Há ainda o sentido econômico, pois Luís da Silva vive em constante aperto financeiro, especialmente após as dívidas contraídas para satisfazer aos caprichos de Marina, que o acaba substituindo por Julião Tavares, o rival endinheirado e odiado.

Ao chegar à rua do Macena recebi um choque tremendo. Foi a decepção maior que já experimentei. À janela da minha casa, caído para fora, vermelho, papudo, Julião Tavares pregava os olhos em Marina, que, da casa vizinha, se derretia para ele, tão embebida que não percebeu a minha chegada. Empurrei a porta brutalmente, o coração estalando de raiva, e fiquei em pé diante de Julião Tavares, sentindo um desejo enorme de apertar-lhe as goelas. [...]

A loquacidade de Julião Tavares aborrecia-me. Uma voz líquida e oleosa que escorria sem parar. A minha cólera esfriava, o suor colava-me a camisa ao corpo.

A roupa do intruso era bem feita, os sapatos brilhavam. Baixei a cabeça. Os meus sapatos novos estavam mal engraxados, cobertos de poeira. Pés de pavão.[2]

Embora seja o mais introspectivo dos romances de Graciliano, *Angústia* leva adiante a reflexão sobre o processo de modernização da sociedade brasileira. Focaliza-se agora o polo oposto ao que fora representado por Paulo Honório, isto é, a aristocracia rural decadente, cujos herdeiros não encontram seu espaço na cidade e na nova ordem. A patologia narrada no livro se liga indissociavelmente a essa perda do lugar social, que já aparecia no guarda-livros empobrecido de Caetés e nos personagens que em *São Bernardo* perderam tudo, tornando-se empregados do fazendeiro — seu Ribeiro e Luís Padilha, este último um inequívoco precursor, até no nome, de Luís da Silva.

Na década de 1930, havia uma forte polarização política, separando a literatura em dois campos, esquerda e direita, aos quais pertenceriam, respectivamente, os romances "social" e "psicológico". Enquanto o primeiro era empenhado, o segundo não passava de alienação. Ao queixar-se contra as leituras superficiais de *Angústia* e *São Bernardo*, Graciliano estava justamente procurando combater essa visão estereotipada. Na verdade, os melhores romances do período foram aqueles que romperam com essa polarização, fazendo a ponte entre o social e o psicológico, entre a conjuntura nacional, coletiva, e o drama particular, individual.

Ainda de acordo com Ricardo Ramos, Graciliano teria ficado feliz ao ler, numa revista americana, um artigo sobre *Angústia* que apontava não só a temática da loucura e do crime como também a reflexão sobre a condição do intelectual em países subdesenvolvidos.[3] Personagem central não só da obra de Graciliano, mas de toda a literatura da década de 1930, o intelectual nesse contexto de transição viveu impasses de ordem existencial e política, além de dificuldades cotidianas que envolviam a própria sobrevivência.

Numa época cheia de esperanças, em que o país projetava grandes transformações, os intelectuais foram representados na literatura como homens fracassados. O fenômeno parecia contraditório e foi lamentado por Mário de Andrade, que acompanhava com interesse a produção da década de 1930, no artigo "A elegia de abril", publicado em 1941, na revista *Clima*.

Segundo o líder modernista, muitos escritores haviam se decidido a "cantar" o tipo do fracassado e convertê-lo em "herói novo". A amostra emblemática desse "fracassado nacional" seria o Carlos de Melo, de José Lins do Rego (narrador-protagonista dos primeiros livros do Ciclo da Cana-de-Açúcar), que o crítico considera "o mais emocionantemente fraco". A lista é numerosa, incluindo também, é claro, o "triste personagem de *Angústia*".

Depois de afirmar a novidade do fenômeno, que a seu ver estava desligado de nossa tradição literária, Mário lembra que, entre poetas modernos como Manuel Bandeira e Carlos Drummond de Andrade, também estava em voga o tema da desistência (o "vou-me embora" individualista). Qual seria a causa dessa recorrência? Estaria ligada a algum complexo de inferioridade, à "intuição de algum crime, de alguma falha"? Essa "literatura dissolvente", por meio da fraqueza e do conformismo dos seus heróis, seria um "sintoma de que o homem brasileiro está prestes a desistir de si mesmo"?[4] São as perguntas feitas por Mário de Andrade, em meio ao ativismo e à pesada autocrítica de seus últimos anos de vida, também eles marcados pelo sentimento de frustração.

Na obra de José Lins do Rego, um tema de fato predominante é "a imensa tristeza do fracasso", conforme a expressão do narrador de *Pureza* (1937). A frustração é o núcleo de vários romances. Herdeiros de uma história de decadência, os personagens vivem processos de "desorganização", equilibrando-se de modo instável entre o passado e o presente, entre o que foram e o que jamais voltarão a ser. A esses tipos angustiados, que se debatem em tensões dramáticas e atmosferas opressivas, Antonio Candido chamou de "heróis de decadência e de transição".[5]

FRACASSO E DECADÊNCIA: O LUGAR DO INTELECTUAL

Mas o tema se espalharia pelas várias regiões do país e por gêneros diversos da literatura, como também observou o crítico, em outra ocasião, repondo o paradoxo anotado por Mário de Andrade:

> Sempre me intrigou o fato de num país novo como o Brasil, e num século como o nosso, a ficção, a poesia, o teatro produzirem a maioria das obras de valor no tema da decadência — social, familiar, pessoal.[6]

Os exemplos são incontáveis: no romance, José Lins do Rego, Graciliano Ramos, Érico Verissimo, Lúcio Cardoso, Cyro dos Anjos; na poesia, Manuel Bandeira e Carlos Drummond de Andrade; no teatro, Jorge Andrade entre outros. Em toda parte, aparentemente em desacordo com o reflorescimento vivido na época pela própria literatura, os escritores entoavam o canto da decadência e as dificuldades de adaptação à nova ordem sofridas pela classe que perdeu o poder. Em toda parte, refletia-se a dolorosa passagem do Brasil dos fazendeiros para o Brasil urbano, exatamente como se vê em *Angústia*.

A decadência encabeça a lista dos temas tratados no romance, segundo seu próprio autor:

> Arriscara-me a fixar a decadência da família rural, a ruína da burguesia, a imprensa corrupta, a malandragem política, e atrevera-me a estudar a loucura e o crime. Ninguém tratava disso, referiam-se a um drama sentimental e besta em cidade pequena.[7]

A decadência, como se vê, encabeça a lista das questões sociais tratadas no romance, e sua fixação tem como correlato o estudo de um caso particular de loucura determinada por esse processo. O tema social e o tema individual se misturam. A interpretação do livro precisa levar em conta a complexidade dos dois processos, integrando a leitura psicológica à investigação da sociedade e de sua dinâmica histórica.

Outra prova da frequência dessa temática do fracasso e da decadência está na variedade de denominações que, depois de Mário de Andrade, ela viria a receber. Uma delas foi cunhada por Carlos Drummond de Andrade e reaproveitada pelo crítico Roberto Schwarz:

> Uma figura tradicional da literatura brasileira deste século é o 'fazendeiro do ar': o homem que vem da propriedade rural para a cidade, onde recorda, analisa e critica, em prosa e verso, o contato com a terra, com a tradição e com o povo, que o latifúndio lhe possibilitara. É a literatura da decadência rural.[8]

Apesar da inaptidão para tocar adiante a herança familiar, que provoca sua transferência para a cidade, o "fazendeiro do ar" não se desvincula de suas raízes rurais. É o que vemos em *O amanuense Belmiro* (1937), romance de Cyro dos Anjos, muito próximo ao modelo drummondiano. Mas entre a veia lírica de Belmiro e a fala brutal de Luís da Silva, vai uma grande diferença. Ambos são funcionários públicos, solteirões, homens de origem rural, apequenados na cidade, que procuram compensar com a literatura o sofrimento causado pela desclassificação social. Porém, enquanto *O amanuense*

Belmiro, apesar do espírito crítico de seu herói, ainda se revela autoindulgente, o romance de Graciliano "é mais agressivamente autodestrutivo".[9]

Belmiro Borba:

> Quem quiser fale mal da literatura. Quanto a mim, direi que devo a ela minha salvação. Venho da rua oprimido, escrevo dez linhas, torno-me olímpico.[10]

Luís da Silva: "Escrevo, invento mentiras sem dificuldade. Mas minhas mãos são fracas, e nunca realizo o que imagino".[11]

Os exemplos mostram claramente como, em *Angústia*, a frustração é bem mais violenta. O narrador não é dado a chistes e ironias, não arranja disfarces, não se compraz em lirismo ou ceticismo, como fazem os personagens refinados de Machado de Assis e Cyro dos Anjos, tão distintos das criaturas agrestes de Graciliano. É por essa razão que Antonio Candido considerou Luís da Silva "o personagem mais dramático da moderna ficção brasileira".[12] Se Belmiro, ao escrever, se reequilibra e se salva, o mesmo não ocorre com o protagonista de *Angústia*, que se comporta como um "carrasco de si mesmo", fazendo da escrita não só uma autocrítica como também uma autopunição:

> Um, dois, um, dois. Inútil. Não podia marchar. Um aleijado, um velho. Mais cem metros, e talvez fosse a salvação. Horrível atravessar os espaços iluminados. Se alguém desembocasse de uma travessa e me reconhecesse? Desejava olhar para trás. Impossível. Consegui

reunir uns restos de força e correr. Uma carreira bamba e trôpega, a boca aberta, contrações na carne enregelada. Corria e chorava, certo de que o esforço era perdido, porque o meu chapéu tinha ficado à beira do caminho, sobre as moitas. No dia seguinte passaria de mão em mão e chegaria à minha cabeça.

— Trinta anos de cadeia.[13]

Os "fazendeiros do ar" também receberam a denominação de "cronistas da casa assassinada", proposta por Sérgio Miceli a partir do título do principal romance de Lúcio Cardoso. Em seu estudo sobre os escritores da década de 1930, o sociólogo procurou entender o impacto da decadência social sobre a produção literária. A maioria pertencia a famílias rurais em declínio e ocupava cargos públicos para se livrar do total rebaixamento. De acordo com Miceli, os escritores teriam realizado nos romances registros negativos de sua experiência pessoal, uma vez que eles próprios, ao contrário de seus personagens, e graças à cooptação do Estado, haviam conseguido superar o fracasso.[14]

Nos romances, porém, a posição em falso entre dois mundos levam inclusive à perda da identidade social. Uma amostra enfática disso está na nomeação dos personagens de *Angústia*. O avô do narrador possuía um nome heroico, "nobiliárquico", Trajano Pereira de Aquino Cavalcante e Silva. O pai, um negociante falido, teve seu nome reduzido a Camilo Pereira da Silva. Por fim, o sujeito amesquinhado, peça anônima na engrenagem urbana, se chama apenas Luís da Silva. A atrofia do sobrenome evidencia o processo de destituição da família, sua queda na hierarquia social.

Na ordem urbana, Luís da Silva foi reduzido a "um diminuto cidadão". Não possui laços familiares que lhe rendam privilégios. Observa Lúcia Helena de Carvalho:

> No espaço de tempo que separa o avô do neto, escreve-se a história da transformação de uma sociedade, cujo eixo de poder se desloca do antigo mundo senhorial e agrícola para o mundo novo das cidades, onde se está engendrando sistema paralelo de vida e de mando.[15]

A corrosão do poder familiar leva Luís da Silva a se fixar na memória da figura ancestral do velho Trajano, detentor da glória perdida, tal como ocorre na ficção de José Lins do Rego. Para ele, o seu lugar foi usurpado pelos novos capitalistas. Daí o ódio a Julião Tavares, que não tem berço, que é em tudo o antípoda radical de Luís da Silva, mas cujo nome, não por acaso, está no aumentativo, indicando claramente a gordura e a voracidade da classe que ele representa.

Contra os ricos, Luís da Silva alimenta ódio e inveja. Recusa a nova ordem, mas ao mesmo tempo sonha pertencer a ela. A sua indecisão política, assim como a linguagem repetitiva e caótica, está diretamente ligada à experiência da desclassificação e à incerteza a respeito do seu lugar na sociedade. Por um lado, ele se junta aos "miúdos" e marginalizados. Por outro, teme a revolução, pois sabe que está preso a um mundo antigo. Luís da Silva carrega em si a tradição do mando autoritário, obcecado pelas imagens do avô e de outros heróis sertanejos, que ele procura imitar. Inutilmente.

O "fracassado nacional" teria alguma especificidade?, pergunta-se Mário de Andrade em "A elegia de abril". Segundo ele, outros heróis até fracassam, mas depois de ter lutado, o que não parecia acontecer no Brasil. Dom Quixote, Otelo e Madame Bovary "são seres dotados de ideais, de ambições enormes, de forças morais, intelectuais, físicas" que, no embate com forças maiores, são dominados e fracassam. Entre nós, porém, a situação seria outra:

> Mas em nossa literatura de ficção, romance ou conto, o que está aparecendo com abundância não é este fracasso derivado de duas forças em luta, mas a descrição do ser sem força nenhuma, do indivíduo desfibrado, incompetente para viver, e que não consegue opor elemento pessoal nenhum, nenhum traço de caráter, nenhum músculo com nenhum ideal, contra a vida ambiente. Antes, se entrega à sua conformista insolubilidade.[16]

Angústia não é um romance conformista. A esterilidade na qual termina — a exemplo do próprio *Macunaíma*, que também gira em torno do fracasso de um "herói sem nenhum caráter", desorganizado, oscilando entre a mata e a metrópole — é a marca de um modernismo pós-utópico que já começa em Mário, tendo em Graciliano um de seus pontos altos. O que antes, na época da Revolução de 1930 e da cultura modernista, fora visto euforicamente como "país novo", agora é percebido como "país subdesenvolvido", em que tudo, inclusive o intelectual, com suas contradições ideológicas, se apequena em meio aos limites da modernização tacanha, conservadora.

Não havendo revolução ou mundo novo a observar, a saída para os escritores foi produzir exames da sua (nossa) frustração. Daí a negatividade de uma obra como *Angústia*. Como exprimiu Otto Maria Carpeaux:

> O romance brasileiro moderno não é, como parecem acreditar os leitores estrangeiros, o de um mundo novo em eclosão, mas o de um mundo velho em decomposição.[17]

10
VIOLÊNCIA E RESSENTIMENTO

ANÁLISE PSICOLÓGICA EM *VIDAS SECAS*: O EMBATE ENTRE FABIANO E O SOLDADO AMARELO

Depois de *Angústia*, desaparece a forma-confissão na obra romanesca de Graciliano Ramos. Poderia Fabiano narrar a própria história? Certamente que não. Se os protagonistas dos três primeiros romances de Graciliano Ramos atuam como escritores, os de *Vidas secas* são iletrados e mal sabem falar. A matéria inédita — a luta e os sofrimentos de sertanejos pertencentes a outra classe social — impõe um novo foco narrativo, mais distanciado e cauteloso. Após o jorro de *Angústia*, temos a fala contida de um narrador que não faz parte da história, obviamente "superior" aos retirantes, e de quem esperamos a máxima objetividade.

Para nossa surpresa, o que predomina não é a visão externa (a câmera que simplesmente registra a paisagem e as figuras humanas). Mais uma vez, o importante é revelar como as coisas repercutem na mente dos personagens. Haveria mesmo tal vida interior? Como ela seria? Em *Vidas secas*, Graciliano realiza um exercício ousado — "troço difícil", como exprimiu em carta de 1937 à sua mulher, Heloísa Ramos, a respeito da história que serviu de embrião ao livro:

> Escrevi um conto sobre a morte duma cachorra, um troço difícil, como você vê: procurei adivinhar o que se passa na alma duma cachorra. Será que há mesmo alma em cachorro? Não me importo. O meu bicho morre desejando acordar num mundo cheio de preás. Exatamente o que todos nós desejamos. A diferença é que eu quero que eles apareçam antes do sono, e padre Zé Leite pretende que eles nos venham em sonhos, mas no fundo todos somos como a minha Baleia e esperamos preás.[1]

"Adivinhar o que se passa na alma" de seres rústicos e primitivos — esse é o projeto de *Vidas Secas*. O foco narrativo se baseia num duplo movimento: além da objetividade, determinada pelo distanciamento da terceira pessoa, ocorre também a atitude contrária da aproximação, colando-se o narrador à perspectiva dos personagens. A identificação existe e é fundamental ("todos somos como a minha Baleia"). Mas o triunfo depende igualmente do reconhecimento da distância ("procurei adivinhar").

O verbo é repetido no mesmo ano de 1937 em outra carta de Graciliano: "Os meus matutos também não falam, e isto é um buraco. Vou ver se consigo adivinhar o que eles pensam, mas sem reproduzir a linguagem deles".[2] A equação não é simples: para preencher o vazio deixado pela carência da palavra, será preciso adivinhar o pensamento dos personagens, sem exprimi-lo, porém, por meio de uma linguagem que, na verdade, eles não possuem — ou seja, sem atribuir a eles o saber que pertence apenas ao narrador.

Em *Vidas secas*, a pesquisa psicológica envolve essa tarefa incerta da adivinhação, sem dúvida responsável pela originalidade do romance em relação às demais obras do regionalismo nordestino. O recurso técnico escolhido para construir a sondagem interior é o discurso indireto livre, que se encontra em todos os capítulos do livro. Por meio dele, mais do que assimilar o pensamento, a narração se torna indissociável do ponto de vista dos sertanejos.

"Agora Fabiano era vaqueiro, e ninguém o tiraria dali." É fácil perceber a mistura das vozes do narrador e do personagem, produzindo uma formulação complexa, em que não se distingue claramente a origem de certas falas. Quem afirma que o vaqueiro não seria retirado da fazenda? No mesmo capítulo: "Fabiano dava-se bem com a ignorância. Tinha o direito de saber? Tinha? Não tinha." A situação é de completa indefinição, algo que não ocorreria se fossem usados apenas o discurso direto (exemplo: "Fabiano perguntou:") e o indireto (exemplo: "Fabiano achava que não tinha o direito de saber"). Do jeito que está, não temos certeza sobre quem afirma, quem questiona, quem responde. Valendo-se dessa ambiguidade, atrelando a fala do personagem à do narrador, Graciliano leva a cabo o propósito de adivinhação.

Em outras passagens, porém, o narrador marcará mais claramente a sua visão objetiva, que transcende a perspectiva dos personagens. De acordo com Wander Melo Miranda, o duplo movimento de aproximação e distanciamento é uma "forma de solidarizar-se com Fabiano, sinha Vitória, Baleia e os meninos e, ao mesmo tempo, sustentar uma posição crítica rigorosa ante a dramática situação que vivenciam".[3]

Na tentativa de distinguir o livro dos anteriores, cujos protagonistas letrados podem falar por si mesmos, Antonio Candido chegou a afirmar que *Vidas secas* não seria um "romance de análise", atribuindo-lhe uma "pureza" talvez exagerada: "O matutar de Fabiano ou sinha Vitória não corrói o eu nem representa atividade excepcional".[4] Enquanto Paulo Honório e Luís da Silva pensam, Fabiano simplesmente existe, sendo o seu mundo interior "amorfo e nebuloso" como o das crianças ou dos animais.

Em outra ocasião, porém, ao reconsiderar o assunto, o crítico observou, com mais precisão, que *Vidas secas* "conserva, sob a objetividade da terceira pessoa, o filete da escavação interior".[5] Com efeito, apesar de embrutecido, Fabiano é atormentado por dúvidas e questionamentos. Na opinião certeira de Rubem Braga, o "retrato interior de um primitivo" constitui a façanha do livro: "Como pensa esse homem que não sabe pensar!".[6]

O paradoxo revelado pelo cronista dá bem a medida da ousadia de Graciliano Ramos:

> Por pouco que o selvagem pense — e os meus personagens são quase selvagens —, o que ele pensa merece anotação. Foi essa pesquisa psicológica que procurei fazer, pesquisa que os escritores regionalistas não fazem nem mesmo podem fazer, porque comumente não conhecem o sertão, não são familiares do ambiente que descrevem.[7]

Não é apenas Luís da Silva que sofre do "mal de pensar". No lugar da esperada "inconsciência dos brutos", *Vidas secas* revela a capacidade de raciocínio e o hábito da reflexão presentes em todos os personagens, até mesmo na cachorra Baleia, que também faz as suas interrogações. A pergunta do menino mais velho ("o que é o inferno?") sintetiza a inquietação de todos em face do mundo hostil.

A complexidade do romance está, portanto, na "pesquisa psicológica", como expressou o próprio Graciliano. O procedimento de ver "por dentro" os matutos é levado às últimas consequências. Não por acaso, depois de criticar o foco narrativo de *São Bernardo*, Álvaro Lins apontaria inverossimilhança também em *Vidas secas*, devido à forte presença do monólogo interior. O defeito estaria, a seu ver, não no conteúdo dos pensamentos, mas na desproporção entre a escassez de episódios e a riqueza da vida interior.[8] Entretanto, como o crítico já havia reconhecido a desimportância do enredo na obra de Graciliano Ramos, é possível que, no caso dos pobres retirantes, o incômodo se devesse mesmo ao excesso de introspecção.

A exemplo de Luís da Silva, Fabiano é um herói problemático, que se devora por dentro, roendo mágoas e humilhações. Por meio do discurso indireto livre, temos acesso mais uma vez ao monólogo interior que, como uma fala neurótica ou embriagada, retorna sempre aos mesmos motivos. Se *Angústia* é o romance do ressentimento, narrado em clima de febre, em *Vidas secas* reencontramos, de modo mais contido, o tema da frustração que se contempla a si mesma: tudo consiste em remoer mágoas e ofensas, em insistir o tempo inteiro em "tornar a sentir". É o que ocorre especialmente nos capítulos em que Fabiano se defronta com o soldado amarelo, representante do governo, o que talvez indique uma relação importante entre o tema do ressentimento e a própria mensagem política do livro.

São dois encontros: o primeiro ocorre na cidade, território do soldado; o segundo, na caatinga, domínio de Fabiano. No capítulo

"Cadeia", o terceiro do livro, o vaqueiro vai à cidade comprar mantimentos, como sempre receoso e indeciso, sentindo-se inferior às outras pessoas. Ao tomar pinga, fica expansivo, "resolvido a conversar", a despeito de seu vocabulário pequeno. É quando recebe o convite do soldado amarelo para jogar 31:

> Fabiano atentou na farda com respeito e gaguejou, procurando as palavras de seu Tomás da bolandeira:
> — Isto é. Vamos e não vamos. Quer dizer. Enfim, contanto etc. É conforme.
> Levantou-se e caminhou atrás do amarelo, que era autoridade e mandava. Fabiano sempre havia obedecido. Tinha muque e substância, mas pensava pouco, desejava pouco e obedecia.[9]

As palavras que Fabiano reproduz, como papagaio, não fazem sentido. São conjunções de funções variadas que aqui não exercem função alguma, pois não há ideias a serem ligadas, o que produz efeito cômico. A passagem pode até ser comparada ao divertido episódio do menino mais novo, que cai de um bode ao tentar imitar o pai, de quem admirava não as palavras, que ele não possuía, mas o chapéu de couro, as roupas de vaqueiro, seu "muque e substância".

Aqueles vocábulos pertencem a seu Tomás, homem letrado, sendo muito diferentes das "exclamações" e "onomatopeias" que compunham a língua primitiva do vaqueiro, usada no trato com os bichos. Na boca de Fabiano, as palavras desconectadas revelam apenas a sua carência de linguagem. Esta, por sua vez, exprime o vazio do pensamento, de que derivam, segundo a lógica implacável do narrador, tanto a sua falta de desejos quanto a propensão à obediência.

Após o jogo, indignado com os prejuízos, Fabiano vai embora sem se despedir. Considerando a atitude um "desacato à autoridade", o soldado pisoteia e prende o sertanejo humilde que se recusara à sua condição de "manso", isto é, de animal "acostumado à mão dos donos".[10] O fato não é surpreendente e ocorre ainda hoje — recentemente, os jornais noticiaram o caso de um homem que foi preso no Rio de Janeiro porque esbarrou num policial e não lhe pediu desculpas.

Eis o paradoxo: o encontro com o soldado, que representa a lei, significa para Fabiano defrontar-se com a injustiça. O arbítrio do mais forte, que é a negação da lei, produz a opressão dos mais fracos: "Fabiano marchou desorientado, entrou na cadeia, ouviu sem compreender uma acusação medonha e não se defendeu". A mesma coisa ocorrera com o próprio escritor, que pouco tempo antes fora preso sem razão e sem jamais ser ouvido: "De repente um fuzuê sem motivo". Na cadeia, tal como ocorre a Fabiano (e aos personagens de Kafka), tudo lhe parecia opaco e incompreensível.

Sentindo-se injustiçado, o vaqueiro tem o desejo de vingar-se do soldado. Mas se lembra da família, àquela hora sozinha no escuro da casa velha, "a panela chiando na trempe de pedras"; por ela afasta o desejo de se tornar cangaceiro e, deixando de ser submisso, até mesmo de acabar com os homens que dirigiam o soldado: "Não ficaria um para semente. Era a ideia que lhe fervia na cabeça. Mas havia a mulher, havia os meninos, havia a cachorrinha".

Se a opção do cangaço está vedada, o outro caminho para a realização da vingança — a aquisição da palavra — parece ainda mais inacessível. Tal como o papagaio sacrificado pela família em tempo de fome, Fabiano não sabia falar: "Não podia arrumar o que tinha no interior. Se pudesse... Ah! Se pudesse, atacaria os soldados amarelos que espancam as criaturas inofensivas".

Central no capítulo, a panela fervente serve de metáfora para a "ebulição interior de Fabiano".[11] Em sintonia com o bêbado com quem divide a cela, a mente de Fabiano produz um "falatório desconexo", motivado pela revolta que não encontra possibilidades de expressão. Como em *Angústia*, o clima é de febre: "E doía-lhe a cabeça toda, parecia-lhe que tinha fogo por dentro, parecia-lhe que tinha nos miolos uma panela fervendo." A mesma imagem e quase a mesma frase já tinham sido utilizadas por Luís da Silva: "Parecia-me que os acontecimentos subiam e desciam numa panela, fervendo".[12]

Em *Vidas secas*, ao lado da fermentação, há um movimento oposto de contenção da revolta. Esta esbarra em contínuos obstáculos (o apego à família, o respeito à autoridade, a carência de linguagem etc.), que a mente não cessa de multiplicar. O resultado, essa espécie de "revolta submissa" — ou, na expressão de Freud, "covardia moral" —, chama-se ressentimento. Os impulsos agressivos, que não puderam manifestar-se, são reorientados para o próprio eu.[13] Nessa experiência de "envenenamento psicológico", o indivíduo fica, durante muito tempo, imaginando vinganças que se considera incapaz de realizar. É o que ocorre com Fabiano no capítulo sétimo, "Inverno":

> Algum tempo antes acontecera aquela desgraça: o soldado amarelo provocara-o na feira, dera-lhe uma surra de facão e metera-o na cadeia. Fabiano passara semanas capiongo, fantasiando vinganças, vendo a criação definhar na caatinga torrada. Se a seca chegasse, ele abandonaria mulher e filhos, coseria a facadas o soldado amarelo, depois mataria o juiz, o promotor e o delegado. Estivera uns dias assim murcho, pensando na seca e roendo a humilhação.

VIOLÊNCIA E RESSENTIMENTO

> Mas a trovoada roncara, viera a cheia... Fabiano estava contente e esfregava as mãos.[14]

A advertência final do narrador não deixa dúvida: passado o inverno, diante de novas humilhações (como se vê logo no capítulo seguinte, "Festa", também ambientado na cidade), o ressentimento voltará com toda a força. A prisão jamais será esquecida. Nesse romance pouco movimentado, é sem dúvida um dos principais acontecimentos, ao lado da morte de Baleia.

O reencontro com o soldado ocorrerá um ano depois, conforme mostra uma das raras marcas temporais utilizadas no romance. No capítulo 11, "O soldado amarelo", a ambientação inverte as posições, pois o soldado está perdido na mata, que Fabiano conhece e domina. Finalmente, uma ótima oportunidade para a realização da vingança. Entretanto, no lugar da morte do soldado, o que vemos é o desfile das velhas inquietações do retirante:

> Tinha medo e repetia que estava em perigo, mas isto lhe pareceu tão absurdo que se pôs a rir. Medo daquilo? Nunca vira uma pessoa tremer assim. Cachorro. Ele não era dunga na cidade? Não pisava os pés dos matutos, na feira? Não botava gente na cadeia? Sem-vergonha, mofino.
>
> Irritou-se. Por que seria que aquele safado batia os dentes como um caititu? Não via que ele era incapaz de vingar-se? Não via? Fechou a cara.[15]

A cor amarela do soldado — indicando a palidez e a fragilidade de quem vive na cidade — se contrapõe à "cara vermelha e queimada" do matuto acostumado ao sol. Exprime também o pavor causado pelo reencontro na caatinga. Mas Fabiano não fica feliz ao ver o rosto acuado. A covardia do soldado só faz aumentar a sua infelicidade, pois ele logo percebe que, mesmo tendo a faca e o desejo, mais uma vez não será capaz de realizar a sua tão sonhada vingança.

Nos cordéis e romances do Nordeste, o soldado e o cangaceiro são duas figuras antagônicas. Enquanto o segundo é valorizado como ídolo (daí o fenômeno Lampião), o primeiro não é alvo de simpatia, sendo criticado por vários motivos, do comportamento desonesto à inaptidão no meio geográfico, que é precisamente a situação narrada em "O soldado amarelo". Se realizasse a vingança, Fabiano estaria amparado em uma vasta tradição popular.

Sua incapacidade proviria do fato de não ser um homem violento? Difícil sustentar essa hipótese, pois Fabiano é um vaqueiro bruto, criado numa cultura que celebra o "prestígio do valente". Nesse mesmo capítulo, lembra-se de que no passado "tinha nervo" e gostava de brigar: "Recordou-se de lutas antigas, em danças com fêmea e cachaça". Sinha Vitória, por quem hoje recusa o cangaço, começara a gostar dele uma vez em que, "de lambedeira em punho, espalhara a negrada". Não que Fabiano seja incapaz de cometer violência; o que ele não tem é força para vingar-se do mais forte e desafiar a autoridade.

Antes de ser preso, Fabiano julgava que "apanhar do governo não é desfeita". Na cadeia, ocorre um salto: mesmo acostumado a sofrer violências e injustiças, o sertanejo que até então não reagia, pois "sabia perfeitamente que era assim", adquire subitamente a consciência de que "estava tudo errado". Ainda assim, não reage.

VIOLÊNCIA E RESSENTIMENTO

Por causa da família, repele a ideia de entrar num bando de canga-ceiros. Mas é assim que salvaria a família? Fabiano sabe que, por causa de sua decisão, as coisas não vão mudar. No final do capítulo "Cadeia", o futuro dos filhos, a despeito de sua proteção, é figurado de maneira terrível: "Quando crescessem, guardariam as reses de um patrão invisível, seriam pisados, maltratados, machucados por um soldado amarelo".

Um ano depois, apesar da sua superioridade física e da circuns-tância que lhe era favorável, Fabiano pela segunda vez se recusa a agir. Depois de tantos questionamentos a respeito do poder e da violência com a qual era exercido, volta a acreditar que "governo é governo" (ou seja, desiste de compreender seus abusos e incoerên-cias, como fica claro pela redundância dessa explicação que nada explica, apenas foge da questão). Além de controlar o seu ímpeto de violência, o sertanejo faz questão de ser respeitoso: tira o chapéu de couro e ensina o caminho ao soldado.

O recuo de Fabiano irritou leitores de esquerda, mas acabou sendo interpretado como sinal de consciência e de superioridade por inúmeros críticos. Ao conter seus impulsos violentos e a vin-gança de curto alcance, o vaqueiro teria demonstrado sua força moral — a exemplo do que faria Gandhi, ao defender o controle da ira e sua transformação em energia revolucionária. "Guardava a sua força", afirma o narrador, sempre auscultando o pensamento de Fabiano por meio do discurso indireto livre.

Mas a moral, segundo Nietzsche, é uma invenção dos fracos. O que o sertanejo guarda é sua força ou seu ressentimento? Embora se confunda com a pureza moral (a nobreza de espírito pregada pelo cristianismo), o ressentimento pode ser interpretado também como neurose — ou *angústia*. Como explica Maria Rita Kehl, o ressentido sempre atribui a outrem a responsabilidade pelo seu sofrimento. Tal incapacidade de colocar-se como sujeito do próprio desejo poderia ser estendida à própria sociedade:

> O ressentimento na sociedade brasileira está enraizado em nossa dificuldade em nos reconhecermos como agentes da vida social, sujeitos da nossa história, responsáveis coletivamente pela resolução dos problemas que nos afligem. Suas raízes remontam à tradição paternalista e cordial de mando, que mantém os subordinados em uma relação de dependência filial e servil em relação às autoridades — políticas ou patronais — na expectativa de ver reconhecidos e premiados o bom comportamento e a docilidade de classe.[16]

Em pesquisas sobre a visão do governo pelo povo, realizadas com trabalhadores no final da ditadura, aparece nitidamente essa relação de dependência e subserviência. O governo é sempre visto como poder pessoal, voluntário e tutelar, que "manda em tudo" e "olha para tudo". Sua obrigação seria zelar pelos pobres e cuidar do povo que trabalha, deveres que se contrapõem à realidade do poder vigente, o que produz uma série de queixas.[17]

Por combinar promessas não cumpridas e passividade, "o ressentimento é o avesso da política". Ao contrário da resignação ressentida, o ato político, nas palavras de Maria Rita Kehl, "implica sempre um risco de desestabilizar a ordem".[18] Para Graciliano, porém, tal risco parecia impossível, sobretudo no interior do país: "As populações da roça distanciavam-se enormemente do litoral e animalizavam-se na obediência ao Coronel e a seu Vigário, as duas autoridades incontrastáveis".[19] Observações semelhantes em relação aos pobres são feitas pelo narrador de *Angústia*, que desacreditara da revolução.

No capítulo "O mundo coberto de penas", quase no desfecho de *Vidas secas*, Fabiano volta a lembrar-se do soldado amarelo e, como era de se esperar, lamenta não ter se vingado:

> Era um infeliz, era a criatura mais infeliz do mundo. Devia ter ferido naquela tarde o soldado amarelo, devia tê-lo cortado a facão. Cabra ordinário, mofino, encolhera-se e ensinara o caminho. Esfregou a testa suada e enrugada. Para que recordar vergonha? Pobre dele. Estava então decidido que viveria sempre assim? Cabra safado, mole. Se não fosse tão fraco, teria entrado no cangaço e feito misérias. Depois levaria um tiro de emboscada ou envelheceria na cadeia, cumprindo sentença, mas isto era melhor que acabar-se numa beira de caminho, assando no calor, a mulher e os filhos acabando-se também. Devia ter furado o pescoço do amarelo com faca de ponta, devagar. Talvez estivesse preso e respeitado, um homem respeitado, um homem. Assim como estava, ninguém podia respeitá-lo. Não era homem, não era nada. Aguentava zinco no lombo e não se vingava.
>
> — Fabiano, meu filho, tem coragem. Tem vergonha, Fabiano. Mata o soldado amarelo. Os soldados amarelos são uns desgraçados que precisam morrer. Mata o soldado amarelo e os que mandam nele.[20]

O momento é de desespero: "enroscando-se como uma cascavel assanhada" (metáfora que serve tanto para o ressentimento quanto para o monólogo interior), Fabiano faz uma autocrítica pesada e aguda. Adjetivos que antes definiam a fraqueza do soldado amarelo — ordinário, mofino, safado, mole — agora se voltam contra o próprio sertanejo, que não se perdoa pela falta de coragem e de vergonha.

O fato de não ter se vingado era para ele uma prova de que "não era homem, não era nada". Em outras palavras, não era dono do seu desejo, nem capaz de desestabilizar a ordem. Tal juízo político é mostrado por Graciliano com refinamento, por meio de análises sutis da vida interior. *Vidas secas* é um romance tão psicológico quanto os demais livros do escritor.

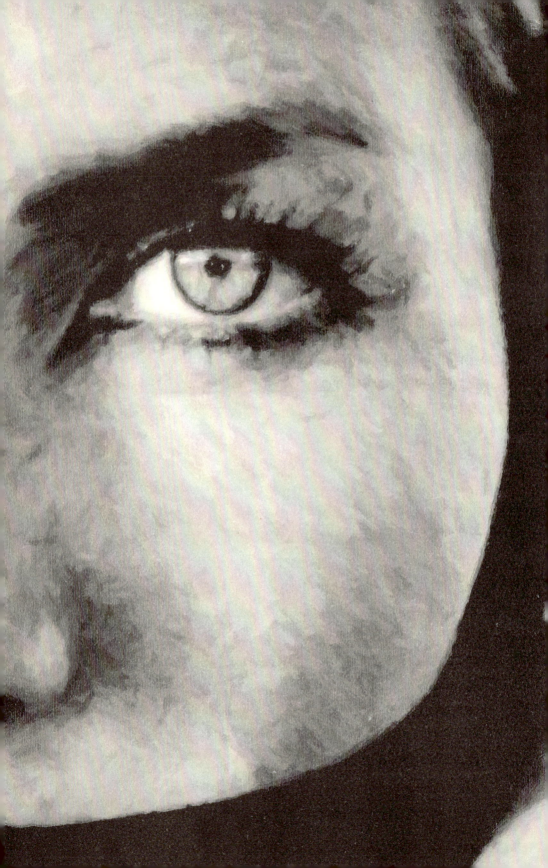

11
A REPRESENTAÇÃO DA MULHER

CAMPO x CIDADE: A LUTA CONTRA A SOCIEDADE PATRIARCAL E OS NOVOS PAPÉIS FEMININOS

A oposição entre campo e cidade é uma preocupação central na obra de Graciliano Ramos. Na década de 1930, o Brasil era ainda um país predominantemente rural. Pensadores como Sérgio Buarque de Holanda refletiam sobre o processo de urbanização, ainda preso às raízes ibéricas e às formas e aos costumes da roça. E o mesmo tema era objeto de estudo na literatura.

Nos romances de Graciliano — povoados por "cadáveres", como ele próprio dizia —, o mundo antigo e o mundo moderno sempre se desencontram. O choque entre campo e cidade está presente: em *São Bernardo*, na modernização imposta por Paulo Honório e no conflito que Madalena, também representante de valores modernos (mas em direção oposta), estabelece com ele; em *Angústia*, no rebaixamento sofrido por Luís da Silva, nostálgico do mundo rural, e em sua vivência na cidade; em *Vidas secas*, na própria temática da migração, incerta e envolvendo inúmeras dificuldades.

Veja-se o caso de *São Bernardo*:

Identificado com os valores da classe burguesa, Paulo Honório "traz a força dos tempos novos". Introduz no interior atrasado do Nordeste a modernização que não souberam promover os velhos patriarcas rurais, representados no livro por seu Ribeiro. Este perdeu tudo, atropelado pelo progresso, e sobrevive, como Luís Padilha, sob as ordens do novo proprietário, o único beneficiado de uma aparente transformação histórica: "— Tenho a impressão que o senhor deixou as pernas debaixo de um automóvel, seu Ribeiro. Por que não andou mais depressa? É o diabo".

Mas até onde vai a modernidade do fazendeiro? *São Bernardo* foi escrito sob o impacto da Revolução de 1930. A ruína da fazenda ocorre em paralelo aos acontecimentos políticos, aos quais são feitas inúmeras referências diretas ou cifradas, especialmente no fim do livro. Nesse contexto de revolução, a fala e as atitudes do protagonista são nitidamente retrógradas: "O mundo que me cercava ia-se tornando um horrível estrupício. E o outro, grande, era uma balbúrdia, uma confusão dos demônios, estrupício muito maior".

O perfil é híbrido: uma das faces de Paulo Honório é a do burguês que abre estradas, introduz técnicas, compra máquinas, obcecado pela marcação cronológica do tempo e por isso distante da lenta temporalidade rural, associada aos ciclos naturais. Este Paulo Honório é o agente modernizador de um mundo arcaico, como também o será Madalena, em plano diferente. A outra face é a do capitalista selvagem, que é contra direitos, educação, costumes e ideias inovadoras — e que odeia a vida na cidade. É o que deixa claro em sua primeira conversa com dona Glória, voltando da capital no trem da *Great Western*:

A REPRESENTAÇÃO DA MULHER

— O senhor mora na capital?

— Não, moro no interior.

— Em Viçosa?

— É.

— Eu também, há pouco tempo. Mas cidade pequena... Horrível, não é?

— A cidade pequena? E a grande? Tudo é horrível. Gosto do campo, entende? Do campo.

D. Glória fechou a cara:

— Mato? Santo Deus! Mato só para bicho. E o senhor vive no mato?

— Em S. Bernardo.[1]

Depois de adquirir e modernizar São Bernardo, Paulo Honório, preocupado com o futuro de sua propriedade, decide se casar. O objetivo é impedir, pelo matrimônio, a dispersão do patrimônio. Em seus planos, a mulher teria apenas o papel instrumental de parir os herdeiros. O casamento é assumido como negócio ("quem faz um negócio supimpa sou eu"), de sorte que podemos comparar a posse da mulher à conquista da fazenda, nas quais se empregam inclusive os mesmos métodos. Aparentemente, Paulo Honório continua dono de sua vontade e de seus projetos.

Entretanto, tal como ocorre na abertura do livro, os capítulos que antecedem o casamento enfatizam justamente a perda de domínio, conforme ressaltou Abel Barros Baptista. A princípio, o fazendeiro desejou uma "criatura alta, sadia, com trinta anos, cabelos pretos". Mas quem primeiro lhe agradou foi uma "moça loura e bonita", o oposto do que procurava: "De repente conheci que estava querendo bem à pequena. Precisamente o contrário da mulher que eu andava imaginando — mas agradava-me, com os diabos. Miudinha, fraquinha". Se optou por Madalena, que estava longe dos seus planos, é porque o casamento já não correspondia ao projeto inicial.[2] Com efeito, na segunda parte do livro, pouco se falará do herdeiro — e muito a respeito da mulher que era "precisamente o contrário" do que almejava o protagonista.

Madalena, não só por sua beleza e fragilidade, também é o oposto de Paulo Honório. Os dois compõem um par do tipo "a bela e a fera" — ela, dona de lindas "mãozinhas", ele, de "mãos enormes", duras e calosas, com as quais tinha vergonha de "acariciar uma fêmea". O mais importante, porém, é a resistência que a professora opõe à ideologia capitalista e ao mando autoritário do fazendeiro:

> Naquele momento não supus que um caso tão insignificante pudesse provocar desavença entre pessoas razoáveis.
>
> — Bater assim num homem! Que horror!
>
> Julguei que ela se aborrecesse por outro motivo, pois aquilo era uma frivolidade.
>
> — Ninharia, filha. Está você aí se afogando em pouca água. Essa gente faz o que se manda, mas não vai sem pancada. E Marciano não é propriamente um homem.
>
> — Por quê?
>
> — Eu sei lá. Foi vontade de Deus. É um molambo.
>
> — Claro. Você vive a humilhá-lo.
>
> — Protesto! - exclamei alterando-me -. Quando o conheci, já ele era molambo.
>
> — Provavelmente porque sempre foi tratado a pontapés.
>
> — Qual nada! É molambo porque nasceu molambo.

> Madalena calou-se, deu as costas e começou a subir a ladeira. Acompanhei-a embuchado. De repente voltou-se e, com voz rouca, uma chama nos olhos azuis, que estavam quase pretos:
>
> — Mas é uma crueldade. Para que fez aquilo? [3]

Mulher independente, Madalena escreve artigos e pensa de modo progressista. Na fazenda, ela denuncia os abusos cometidos contra os trabalhadores, defendendo direitos sociais e mudanças políticas de que o marido tem horror. O discurso de Madalena abre outra perspectiva, aponta para o futuro, não cabe nas malhas do poder patriarcal. Daí o conflito que inevitavelmente se instala na vida do casal — o qual tem ligação direta com a mencionada oposição entre campo e cidade.

A respeito da representação da mulher, convém lembrar as novidades introduzidas pelos escritores da década de 1930. Conforme observou Luís Bueno, o pobre não foi o único protagonista daquele período, pois a abertura para mundos diferentes incluiu diversas alteridades. Romances como *O quinze* (1930), de Rachel de Queiroz, trazem um novo tipo de personagem feminina, que escapa aos modelos convencionais da literatura romântica, na qual a mulher invariavelmente aparecia ou como santa ou como prostituta.[4] Em *O quinze* — que, por seu realismo, Graciliano, curiosamente, considerou "livro de macho" —, o ponto de vista feminino vem ao primeiro plano. A protagonista Conceição, apesar do nome, rejeita os papéis tradicionalmente atribuídos à mulher. Não será namorada, nem prostituta, nem mãe; é estéril como a paisagem seca descrita no romance.

Homens também escreveram sobre a mulher de maneira avançada, como Lúcio Cardoso, Cornélio Penna, Cyro dos Anjos, José

Lins do Rego e, claro, o próprio Graciliano. As personagens femininas de *São Bernardo* e *Angústia* destoam dos moldes tradicionais. Uma prova de que o escritor estava preocupado com o debate sobre a situação da mulher é um texto, praticamente desconhecido, que escreveu para o teatro, *Ideias novas*, do qual foi publicado apenas o primeiro quadro na *Revista do Brasil*, em outubro de 1938. A peça, cuja composição não se sabe se foi concluída, tem como protagonista Mariana, jovem habitante da pequena cidade alagoana de Sant'Ana do Ipanema, cuja reputação sofre abalos. Abaixo está reproduzido um trecho desse precioso e divertido documento, no qual a moça conversa com uma amiga que tenta lhe abrir os olhos:

ADELAIDE: Um horror, minha filha, um horror. Nunca vi tanta miséria. Eu lhe conto porque sou sua amiga. Um horror. Sabe o que andam espalhando por aí, na farmácia, no bilhar, na porta da igreja?

MARIANA: Não. Você ainda não se manifestou.

ADELAIDE: Posso falar?

MARIANA: Pode, pode. Fale à vontade.

ADELAIDE: Pois sim, meu coração. Juram que você não é mais moça.

MARIANA: Diabo! Com dezoito anos? São bem exigentes.

ADELAIDE: Não zombe, meu anjo. Você comprometeu-se namorando três rapazes ao mesmo tempo.

MARIANA: Ao mesmo tempo não.

ADELAIDE: Os três num dia. Vivem brigando por sua causa, e essa gente desocupada julga que você fez tudo com eles.

[...]

ADELAIDE: Felizmente só foram três, não é? (Suspira) Você se inutilizou, meu bem. Aqui não arranja casamento.

MARIANA: E quem lhe disse que pretendo casar-me e ficar aqui mofando?

ADELAIDE: Não pretende?

MARIANA: Ah! Não. No ano vindouro findo o meu curso e bato as asas. Arrumo aí um emprego qualquer e depois uma comissão no Rio. Esse negócio está apalavrado. Lá faço concurso e engancho-me num ministério. É certo. Se em seis meses não conseguir o que desejo, é porque só sirvo para ser professora em Sant'Ana do Ipanema.

ADELAIDE: Professora com a reputação estragada, Mariana. Uma professora que namora três homens num dia.

MARIANA: Bobagem. Os três não valem um homem. Mas não há receio. Atraco-me no Sul e viro carioca.[5]

Como Madalena, a personagem teatral de Graciliano é uma mulher que encarna os tempos modernos e afronta o patriarcalismo. Ambas são professoras, pretendem viver do seu trabalho e, por possuírem projetos e ideias avançadas, são vistas como transgressoras das normas sociais.

Por que o proprietário de São Bernardo, tão preso a arcaísmos, teria sido atraído por uma mulher assim? No princípio, ele a supôs "uma oca de escola normal". Depois percebeu que ela não só tinha coração mas uma notável inteligência, além de ideias políticas que não lhe convinham, podendo desafiar seu domínio.

Na cultura popular, a pretensão feminina à igualdade de direitos é vista de modo caricato. Se a mulher exibe dotes intelectuais ou ocupa postos ditos masculinos, a inversão de papéis é alvo de caricaturas — expressões jocosas como "mulher que mija em pé" ou a de um adágio italiano cuja versão portuguesa Mário de Andrade recolheu em suas pesquisas: "Guarda-te da mula que faz hin e da mulher que fala latim".[6] É exatamente o que pensa Paulo Honório. Assim como ele não discutia gramática, dispensava a interferência dela nos assuntos da fazenda: "Mulheres, criaturas sensíveis, não devem meter-se em negócios de homens".

Paulo Honório e Madalena, embora opostos, tiveram histórias semelhantes: ambos possuíam origens humildes e suas escaladas demandaram grandes esforços. Se o fazendeiro se elevou acima de sua classe, abandonando o eito onde era explorado, Madalena, por sua vez, ousou rejeitar os limites impostos à sua condição feminina, para mostrar que não era um ser menor.

Quando se interessou pela moça, o fazendeiro a cobriu de adjetivos em forma diminutiva — miudinha, fraquinha, cabecinha, mãozinhas —, que exprimem sentimentos ambíguos de afeto e superioridade. Por meio deles, queria tomar posse da mulher, perceber-se agigantado diante dela, tal como se sentia, nas ocasiões em que subia na torre da igreja, ao contemplar do alto seus domínios e as criaturas minúsculas que dele dependiam — "tudo nosso" —, tal como no passado dependeram de seu Ribeiro.

Mas foi justamente a moça miudinha que logrou abalar a sua força. Passados dois anos de sua morte, ainda não se livrou da "ave amaldiçoada" que se instalou na torre da igreja, enfraquecendo para sempre seu domínio. Conforme a etimologia hebraica, o nome Madalena vem de *magdhal*, que significa torre.[7] A coruja, animal agourento, também simboliza a sabedoria. Portanto, Madalena ocupa um lugar elevado. A torre de onde Paulo Honório contempla suas posses é também o lugar onde ela se aninha, ameaçando-o.

O desentendimento do casal será expresso em muitas passagens pela alusão às diferenças de linguagem: "O que eu dizia era simples, direto, e procurava debalde em minha mulher concisão e clareza. Usar aquele vocabulário, vasto, cheio de ciladas, não me seria possível." Segundo Wander Melo Miranda, a escrita do livro, associada ao pio da coruja, teria como razão recalcada o veneno inoculado pelo discurso de Madalena, ou seja, a narrativa seria uma resposta ao desafio imposto à competência do homem numa área que o saber da professora se revelara maior.[8]

Já no início da empreitada, o fazendeiro desabafa: "Se eu possuísse metade da instrução de Madalena, encoivarava isto brincando". Assim, a escrita do livro não seria simplesmente uma pena que o narrador impõe a si mesmo, uma autocrítica motivada pelo remorso. Seria, depois da construção de São Bernardo-fazenda, um novo esforço de Paulo Honório, agora com a edificação de São Bernardo-livro, para demonstrar sua força e sua superioridade:

> Não gosto de mulheres sabidas. Chamam-se intelectuais e são horríveis. Tenho visto algumas que recitam versos no teatro, fazem conferências e conduzem um marido ou coisa que o valha. Falam bonito no palco, mas intimamente, com as cortinas cerradas, dizem:
>
> — Me auxilia, meu bem.
>
> Nunca me disseram isso, mas disseram ao Nogueira. Imagino. Aparecem nas cidades do interior, sorrindo, vendendo folhetos, discursos etc. Provavelmente empestaram as capitais. Horríveis.
>
> Madalena, propriamente, não era uma intelectual. Mas descuidava-se da religião, lia os telegramas estrangeiros.
>
> E eu me retraía, murchava.[9]

Se Madalena, egressa da cidade, representa de fato valores modernos, Paulo Honório, ao barrar sua ação, confirma que jamais abandonou o polo rural. É por viver ainda na fazenda que ele consegue manter, como sugeriu Valentim Facioli, o controle sobre a sua narrativa. Em *Angústia* isso não será mais possível. A dolorosa vivência urbana do funcionário Luís da Silva produz um discurso delirante, que corresponde à forma moderna do monólogo interior, o que não impede que ele, com suas firmes raízes rurais, seja tão antimoderno quanto Paulo Honório.[10]

A cidade, para Luís da Silva, é lugar de decomposição, lixo povoado por ratos, vagabundos e prostitutas. Às vezes lhe parecia que "a cidade estava em cio", percepção que o conecta diretamente à lembrança de Marina, a mulher cheia de negaceios que ele não chegou a possuir. Enquanto para ele a cidade era um ambiente sufocante, para a moça devia ser um campo aberto à sua liberdade.

12
REALISMO CRÍTICO

DESFAZENDO ILUSÕES: *VIDAS SECAS* E A REFLEXÃO SOBRE OS IMPASSES DA SOCIEDADE BRASILEIRA

Há uma questão essencial em *Vidas secas*, que o narrador deixa em aberto: chegarão os retirantes na cidade? Serão acolhidos nela? Em *Seara vermelha* (1946), romance de Jorge Amado sobre o tema da seca e da migração, a despeito de todo o sofrimento, os personagens chegam a seu destino e se realizam. No livro de Graciliano, porém, os fugitivos não alcançam o fim da trajetória e o desfecho da narração os devolve à caminhada do começo.

O que poderá acontecer à família de Fabiano? Se o término é inconclusivo, há um episódio, situado bem no centro da narrativa, que nos fornece pistas a respeito do futuro dos sertanejos: a festa de Natal na cidade, à qual comparecem extremamente desajeitados. O capítulo "Festa" está colado a "Inverno". Ambos mostram os personagens vivendo em conjunto situações de relativa estabilidade — sem estarem isolados, como nos capítulos precedentes, ou sofrendo agruras, como na abertura do livro. Eles comporiam, na estrutura de *Vidas secas*, os momentos de maior relaxamento.

"Inverno" é quase a negação do inferno vivido corriqueiramente pela família de Fabiano e, não por acaso, já foi chamado de capítulo "musical". Em "Festa", porém, a tensão dramática não diminui. Por envolver uma difícil caminhada, que também tem como destino a cidade (ainda que esta seja a vila próxima à fazenda, aonde a família vai participar do Natal), o capítulo é uma espécie de síntese do romance. Ao narrar o desconforto dos sertanejos no estranho mundo citadino, *Vidas secas* retoma a velha dicotomia entre progresso e atraso, civilização e barbárie, cultura e natureza, que aparece em *Os sertões* (1902), de Euclides da Cunha — dicotomia fundadora, constitutiva e por isso recorrente no pensamento social brasileiro.

O desconforto surge antes mesmo da chegada à cidade, por conta das roupas e dos sapatos apertados. Pela maneira de vestir, os retirantes tentam deixar de ser "bichos" para ingressar na norma social. O esforço, porém, é enorme e se revela inútil, pois na estrada "pezunhavam nos seixos como bois doentes dos cascos". A cena deixa evidente uma simbologia associada aos sapatos: andar calçado significa tomar posse da terra, exercer o direito de propriedade — daí o hábito que se tinha antigamente de tirar os sapatos antes de entrar em casa alheia.[1] Mas tal direito está longe de pertencer a Fabiano.

Achando difícil vencer "as três léguas que o separavam da cidade", o vaqueiro tira as botinas, o paletó, a gravata e o colarinho, sendo imitado pelos outros membros da família. Nesse momento, Baleia aparece e se incorpora ao grupo. "Se ela tivesse chegado antes, provavelmente Fabiano a teria enxotado", observa o

REALISMO CRÍTICO

narrador. Mas agora que, livre das roupas, tinha voltado ao seu estado natural, "o vaqueiro achou-se perto dela e acolheu-a".

A tentativa de imitar os citadinos produz aperto e sufocamento (angústia). Ao chegarem à vila, os sertanejos se recompõem, mas entram na rua coxeando, aos tombos — tortos e desengonçados como o tipo que Euclides da Cunha batizou de "Hércules-Quasímodo". Já no segundo capítulo, o narrador informara que Fabiano tinha mais convívio com os bichos do que com os seres humanos:

> Vivia longe dos homens, só se dava bem com animais. Os seus pés duros quebravam espinhos e não sentiam a quentura da terra. Montado, confundia-se com o cavalo, grudava-se a ele. E falava uma linguagem cantada, monossilábica e gutural, que o companheiro entendia. A pé, não se aguentava bem. Pendia para um lado, para o outro lado, cambaio, torto e feio. Às vezes utilizava nas relações com as pessoas a mesma língua com que se dirigia aos brutos — exclamações, onomatopeias. Na verdade falava pouco. Admirava as palavras compridas e difíceis da gente da cidade, tentava reproduzir algumas, em vão, mas sabia que elas eram inúteis e talvez perigosas. [2]

Durante a festa, longe de se aproximar dos habitantes da cidade, Fabiano tem ideias agressivas. A lembrança do soldado amarelo o leva a beber cachaça. Desafia as pessoas: "— Cadê o valente? Quem é que tem coragem de dizer que eu sou feio? Apareça um homem". Mas ninguém lhe dá ouvidos. Embriagado, o sertanejo se livra novamente das roupas, regressando física e psicologicamente a seu estado primitivo.

Para o olhar dos meninos, a cidade, embora pequena, tem dimensão e impacto de cidade grande. "Pisavam devagar", entre o espanto e o retraimento, no mundo "subitamente alargado". Quanto mais descemos na hierarquia da família, mais se aprofunda o estranhamento. Desnorteada, Baleia reprova a cidade agressiva, onde havia luzes, barulhos e cheiros em abundância: "Quis latir, expressar oposição a tudo aquilo", mas resignou-se ao perceber "que não convenceria ninguém". Como Fabiano, a cachorra engole um protesto frustrado.

Em seu sono agoniado, o vaqueiro tem um pesadelo: "Muitos soldados amarelos tinham aparecido, pisavam-lhe os pés com enormes reiunas e ameaçavam-no com facões terríveis". No capítulo "Festa", assim como em todo o livro, são recorrentes os vocábulos referentes aos pés, algo que se liga obviamente à condição errante dos personagens, que não têm lugar certo (já em *São Bernardo* a ênfase recai sobre as mãos, indicando a ação poderosa do protagonista, que domina e manipula a todos). A reiteração desse campo semântico serve para indicar não só a dificuldade de caminhar com equilíbrio e o retraimento de quem anda devagar, "pisando em brasas", mas também a humilhação sofrida pelos sertanejos que se sentem pisoteados.

O pesadelo é um sonho aflitivo que produz sensação opressiva (angústia). Na cultura popular, é famosa a lenda da "Pisadeira", mulher assustadora que durante o sono pisa no peito das pessoas, deixando-as em estado de paralisia. O sonho de Fabiano com o soldado amarelo exprime bem o sofrimento que lhe causava a cidade que, para ele, era sinônimo de prisão:

> Fabiano estava silencioso, olhando as imagens e as velas acesas, constrangido na roupa nova, o pescoço esticado, pisando em brasas. A multidão apertava-o mais que a roupa, embaraçava-o. De perneiras, gibão e guarda-peito, andava metido numa caixa, como tatu, mas saltava no lombo de um bicho e voava na caatinga. Agora não podia virar-se: mãos e braços roçavam-lhe o corpo. Lembrou-se da surra que levara e da noite passada na cadeia. A sensação que experimentava não diferia muito da que tinha tido ao ser preso. Era como se as mãos e os braços da multidão fossem agarrá-lo, subjugá-lo, espremê-lo num canto de parede. Olhou as caras em redor. Evidentemente as criaturas que se juntavam ali não o viam, mas Fabiano sentia-se rodeado de inimigos, temia envolver-se em questões e acabar mal a noite.[3]

Mais uma vez, salienta-se o contraste das experiências vividas no campo e na cidade. Na mata, o vaqueiro é um Hércules, um bicho, e se move com liberdade; na cidade, irresoluto e torto, transforma-se em Quasímodo. Também pode ser notada, no final do fragmento, a diferença entre as percepções do narrador e do personagem. Enquanto este é dominado pela visão paranoica, aquele mantém distanciamento, conforme revelam o advérbio "evidentemente" e a observação equilibrada que se contrapõe ao delírio de Fabiano.

O protagonista de *Angústia* tinha o hábito de andar encolhido. A mesma coisa ocorre com Fabiano: "Na caatinga ele às vezes cantava de galo, mas na rua encolhia-se", lemos no capítulo "Cadeia". Para não ser trapaceado ou ridicularizado, evitava conversas: "Estava convencido de que todos os habitantes da cidade eram ruins". No capítulo "Contas", há a recordação do encontro com o cobrador da prefeitura. A cidade só lhe trazia ameaças, imposições, armadilhas, humilhações. Ali se encolhia sempre porque se sentia apertado, preso, "rodeado de inimigos", perseguido por uma multidão de soldados amarelos.

Cidade e cadeia: as palavras formam um par anagramático. Na cidade, o vaqueiro se sente arremessado para "as trevas do cárcere". A imagem obsessora retornará no último parágrafo do livro: "Que iriam fazer? Retardaram-se, temerosos. Chegariam a uma terra desconhecida e civilizada, ficariam presos nela".

Na cidade, Fabiano precisa justamente do que lhe falta: a linguagem. No capítulo "Cadeia", a dificuldade de comunicar-se é que produz o desentendimento com o soldado e, por conseguinte, a sua injusta prisão. O sertanejo falava pouco, como observa o narrador na mencionada passagem do capítulo "Fabiano": "Admirava as palavras compridas e difíceis da gente da cidade, tentava reproduzir algumas, em vão, mas sabia que elas eram inúteis e talvez perigosas". Em *Angústia*, a linguagem, especialmente a escrita, também é vista como uma "safadeza", invenção de mentiras para enganar os homens.

No capítulo "Contas", Fabiano conclui: "sempre que os homens sabidos lhe diziam palavras difíceis, ele saía logrado". Habitada por pessoas que, ao contrário, tinham domínio sobre a linguagem, a cidade seria, portanto, um lugar definitivamente estranho, cheio de "palavras difíceis" e "cálculos incompreensíveis" — os mesmos adjetivos empregados pelo narrador de *São Bernardo* ao se referir à intrincada linguagem de sua mulher, Madalena.

A exemplo do que ocorre com as outras personagens femininas de Graciliano, em *Vidas secas*, mais uma vez, é a mulher que se inclina ao polo da cidade. Astuta, decidida e cheia de juízo, sinha Vitória sabe fazer contas, orienta o marido e ainda produz ideias "extravagantes" que o encantam — como quando se refere às aves de arribação, dizendo que "queriam matar o gado".

Seu único desejo: uma cama de lastro de couro igual à de seu Tomas da Bolandeira. A cama para ela comprovaria que eram humanos, e não simplesmente bichos, e que tinham direito a um pedaço de chão. Em *Angústia*, o narrador lembra que sua avó, sinha Germana, "dormiu meio século numa cama dura e nunca teve desejos". Pois sinha Vitória possui desejos, o que a aproxima dos novos tempos, a despeito da miséria e do atraso em que vive.

No capítulo "Festa", todos os membros da família se sentem incomodados no ambiente da cidade. Sinha Vitória é a exceção, a única que admira a festa: "Viu com interesse o formigueiro que circulava na praça, a mesa do leilão, as listas luminosas dos foguetes. Realmente a vida não era má". Enquanto Fabiano tem pesadelos com o soldado amarelo, a mulher fica atenta às belezas e aos ruídos da cidade: o realejo, o burburinho da multidão, que para ela era doce. As imagens da cidade associam-se à lembrança da cama de couro — coisas que faltavam "para a vida ser boa".

É curioso contrapor a angústia de Fabiano, para quem a cidade é uma prisão, um pesadelo, à pachorra de sinha Vitória, que vê na cidade a promessa de realização de desejos. Sentindo-se desconfortável, o vaqueiro se embriaga e dorme. Sinha Vitória, ao contrário, comodamente instalada, observa o espetáculo: "Ficou ali de cócoras, cachimbando, os olhos e os ouvidos muito abertos para não perder a festa."

Enquanto Fabiano se encolhe e se resigna a ser bicho, sua mulher projeta na cidade o sonho de ser gente. No último capítulo, durante a fuga, ela insiste em afirmar que os filhos teriam outro destino numa "terra desconhecida", onde a família adotaria novos costumes: "Andavam para o Sul, metidos naquele sonho. Uma cidade grande, cheia de pessoas fortes. Os meninos em escolas, aprendendo coisas difíceis e necessárias".

Há quem leia *Vidas secas* como um romance sobre "a urgência da leitura", no qual a cidade, contrapondo-se ao atraso rural, desponta como uma "reserva de utopia".[4] Mas Graciliano Ramos também ressalta em seus romances a brutalidade da modernização, que promove injustiças e repõe privilégios, entre os quais se inclui a própria educação. Na cidade, a sobrevivência é difícil, também se encontram coisas anacrônicas ("do tempo das candeias de azeite", para usar a expressão do prefeito de Palmeira dos Índios), e o soldado amarelo pode ser mais selvagem do que o próprio sertanejo. Como escreveu Euclides da Cunha, a barbárie está em toda parte. É o que também sugere Graciliano nas últimas frases de *Vidas secas*:

> Que iriam fazer? Retardaram-se, temerosos. Chegariam a uma terra desconhecida e civilizada, ficariam presos nela. E o sertão continuaria a mandar gente para lá. O sertão mandaria para a cidade homens fortes, brutos, como Fabiano, sinha Vitória e os dois meninos.[5]

O desfecho em aberto de *Vidas secas* deu margem a muita leitura otimista. Para os críticos de esquerda, por exemplo, a caminhada dos retirantes em direção à cidade parecia apontar o horizonte da revolução social, da qual eles futuramente poderiam ser, quem sabe, os protagonistas. Para outros leitores, a ênfase na educação seria um indício de que os personagens, conscientes de seus direitos, estavam destinados a melhorar de vida.

Ocorre que essas interpretações otimistas levam em conta apenas as falas sonhadoras de Fabiano e sinha Vitória. Não consideram a perspectiva distanciada do narrador, para quem aqueles projetos não passam de "esperanças frágeis". E como falar na construção do futuro se a forma verbal que predomina em quase todos os finais de capítulos é a do futuro do pretérito? Mesmo ao abordar uma temática da literatura engajada, Graciliano Ramos se mantém longe das diretrizes do gênero. Opta pela irresolução e pelo impasse, inscrevendo-se, mais uma vez, no campo de tensões do "realismo crítico".

Para além do conteúdo aparente ou da ideologia do autor, é preciso examinar a forma do romance. É o que ensina Silviano Santiago, ao insistir na necessidade de se verificar, no caso de *Vidas secas*, "onde está textualmente essa esperança".[6] A estrutura circular e fechada bloqueia as saídas, impede a evolução do drama, sugerindo uma eterna repetição. E o recorrente futuro do pretérito é uma forma verbal ambígua — ação imaginada em um futuro incerto, que pode acontecer ou não.

Entre tantos exemplos, considere-se o final do primeiro capítulo, "Mudança": "A fazenda renasceria — e ele, Fabiano, seria o vaqueiro, para bem dizer, seria dono daquele mundo". O que se tem aí é uma perspectiva ilusória, situada em tempo irreal. O futuro do pretérito indica também uma espécie curiosa de "querer para trás", o preenchimento do passado com fantasias, o que se adéqua bem à expressão do remorso ou ressentimento. Um exemplo está no final de *São Bernardo*, quando Paulo Honório fica imaginando o que poderia ter sido a sua vida se ele não tivesse escolhido a "profissão" de fazendeiro: "Se tivesse continuado a arear o tacho de cobre da velha Margarida, eu e ela teríamos uma existência quieta".

De acordo com Alfredo Bosi, o narrador de *Vidas secas* apresenta movimento duplo e contrário: de um lado, por meio do discurso indireto livre, aproxima-se da mente do sertanejo; de outro, o modo condicional, expresso pelo futuro do pretérito, indica o distanciamento, pois registra tanto o sonho do personagem quanto a dúvida de quem conta a história. O distanciamento, presente também nos juízos do narrador sobre o comportamento dos personagens, é a base do realismo crítico de Graciliano.

Com Guimarães Rosa, o que se passa é bem diferente. Há realismo e farta documentação na obra do escritor mineiro, mas, ao lado do real, que é minuciosamente apreendido, se apresenta também um conteúdo utópico. Apesar da condição social adversa, os personagens não perdem a condição humana, sonham, fabulam. E o narrador os acompanha de perto, com empatia, sem combinar a proximidade com a distância, como faz o escritor alagoano: "os retirantes de *Vidas secas* também sonham, mas Graciliano não se permite sonhar com eles, pois só a vigília tem foro na História".[7]

As diferenças ficam nítidas quando se observa o tratamento dado à infância, tema recorrente nas duas obras. Guimarães Rosa, que se dizia "fabulista por natureza", em contos como "As margens da alegria" e "A menina de lá", de *Primeiras estórias* (1962), apresenta histórias conduzidas pela fabulação e pelo desejo das crianças. Já o escritor alagoano, ao falar da própria infância ou ao recriá-la em sua ficção, no lugar da descoberta maravilhada do mundo, põe ênfase na violência sofrida pelos mais fracos.

Em *Vidas secas*, a criança não se distingue do animal: os dois meninos e Baleia brincavam juntos, "para bem dizer não se diferençavam". Assim como o animal, a criança não fala (*infans, infantis*, em latim, significa o que não fala) e é desprovida de razão. O menino mais velho, além de reproduzir sílabas, "imitava os berros dos animais, o barulho do vento". A descoberta da literatura, tema importante de *Infância*, se desdobra aqui na curiosidade pelas palavras, que é o traço mais forte do personagem.

Ao perguntar à mãe o significado da palavra "inferno", o menino não se contenta com a resposta e acaba sendo punido. Além de achar que todos os lugares eram bonitos, ele não acreditava "que um nome tão bonito servisse para designar coisa ruim". Seu desejo é de poeta: "ele tinha querido que a palavra virasse coisa". Sua revolta é a mesma de Fabiano contra o soldado amarelo: a mãe tentara convencê-lo não com argumentos mas com violência, "dando-lhe um cocorote, e isto lhe parecia absurdo". No final do capítulo, o aprendizado brutal:

Como era possível haver estrelas na terra?

Entristeceu. Talvez sinha Vitória dissesse a verdade. O inferno devia estar cheio de jararacas e suçuaranas, e as pessoas que moravam lá recebiam cocorotes, puxões de orelhas e pancadas com bainha de faca.

Apesar de ter mudado de lugar, não podia livrar-se da presença de sinhá Vitória. Repetiu que não havia acontecido nada e tentou pensar nas estrelas que se acendiam na serra. Inutilmente. Àquela hora as estrelas estavam apagadas.

Sentiu-se fraco e desamparado, olhou os braços magros, os dedos finos, pôs-se a fazer no chão desenhos misteriosos. Para que sinhá Vitória tinha dito aquilo? [8]

A tristeza lhe ocorre justamente no momento em que se perguntava "como era possível haver estrelas na terra". Tal como o protagonista de *A terra dos meninos pelados* (a narrativa infantil que Graciliano escreveu quando saiu da prisão, junto com os episódios de *Vidas secas*), que recusa o país maravilhoso de Tatipirun para estudar a sua "lição de geografia", o menino mais velho experimenta a perda da fantasia e retorna ao mundo real. Esquece-se das estrelas e volta a pensar no inferno onde vive, o que faz lembrar uma importante passagem de *Infância*:

> Os astrônomos eram formidáveis. Eu, pobre de mim, não desvendaria os segredos do céu. Preso à terra, sensibilizar-me-ia com histórias tristes, em que há homens perseguidos, mulheres e crianças abandonadas, escuridão e animais ferozes.[9]

No capítulo "O menino mais novo", a fantasia infantil, embora com alguma comicidade, também sofre a contraposição da realidade. Nunca os personagens estarão livres desse confronto com o real, procedimento recorrente na obra de Graciliano, que João Luiz Lafetá chamou de "atitude irônica". Não se trata apenas de realismo, mas de uma luta constante contra a ilusão compensadora: "toda vez que surge a possibilidade do sonho, da expansão do desejo, surge por outra parte a realidade para esmagá-la".[10] Essa frustração do desejo, que num estudo psicanalítico pode ser associada com a castração, ocorre nas diversas passagens de *Vidas secas* e, se não poupa a criança, tampouco o fará com o animal.

O célebre capítulo "Baleia", assim como o das crianças, está impregnado de "espírito poético", o que não implica em menor distanciamento por parte do narrador. Este manterá sua perspectiva isenta, que chega a ser desconcertante, como observou Lafetá.[11] Embora deixe aflorar os devaneios, por meio do discurso indireto livre, o narrador insiste em dizer, com objetividade, que "assim são as coisas". Trata com ironia aquilo que, ao mesmo tempo, soa como poesia em *Vidas secas*.

O distanciamento (ou ironia) consiste, pois, no ato de contrapor um ponto de vista crítico à fantasia dos personagens. Ainda no capítulo "Baleia", e o procedimento vale para todos os demais, o narrador relata objetivamente os últimos instantes de vida da cachorra — tratada afetuosamente como "coitadinha", "criaturinha". Além disso, vasculhando sua vida interior, apresenta os mesmos acontecimentos "refletidos naquele espírito torturado". Ao mesmo tempo, porém, não deixa de acompanhar com distância crítica essa repercussão interna:

> "Pôs-se a latir e desejou morder Fabiano. Realmente não latia: uivava baixinho, e os uivos iam diminuindo, tornavam-se quase imperceptíveis."

Aqui se nota claramente a justaposição dessas camadas de linguagem, conforme a lição de Zenir Campos Reis. No período inicial, combinam-se o registro objetivo ("pôs-se a latir") e a expressão da subjetividade ("desejou morder Fabiano"). Em seguida, por meio do advérbio "realmente", que é marca de distanciamento, o narrador interpõe a sua consciência exterior: "realmente não latia".[12]

A ironia está presente também no uso do modo condicional ou do futuro do pretérito, que se intensifica, como é praxe em *Vidas secas*, nas últimas frases do capítulo:

> Baleia queria dormir. Acordaria feliz, num mundo cheio de preás. E lamberia as mãos de Fabiano, um Fabiano enorme. As crianças

> se espojariam com ela, rolariam com ela num pátio enorme, num chiqueiro enorme. O mundo ficaria todo cheio de preás, gordos, enormes.[13]

Nesse desfecho comovente, em que o lirismo beira o sublime, está implícita a dura contraposição do real. Se a cachorra morre, e não simplesmente adormece, obviamente não haverá despertar algum. O sonho de Baleia — o mundo cheio de preás — se torna mais pungente por causa de sua impossibilidade. E o que dizer do sonho dos retirantes? Haveria alguma esperança quando a realidade se mostra sempre um "mundo coberto de penas"?

A morte de Baleia é o acontecimento mais importante de *Vidas secas*, ao lado da prisão de Fabiano. Os episódios são correlatos, o que reafirma a identidade que há entre os dois personagens. Animal de companhia e de trabalho, Baleia zela pela vida das crianças e dos animais de criação, tem senso de liderança e responsabilidade. No capítulo "Fabiano", o paralelismo das frases "você é um bicho, Fabiano" e "você é um bicho, Baleia" ressalta a homologia — a animalidade de ambos sendo vista, positivamente, como qualidade que lhes garante a sobrevivência no meio hostil. Mas a comparação tem também caráter negativo: "Era um desgraçado, era como um cachorro, só recebia ossos. Por que seria que os homens ricos ainda lhe tomavam uma parte dos ossos?".

O vaqueiro sofre duplamente o processo de animalização: por ser embrutecido, homem-bicho, e por ser "manso", domesticado. Paralelamente, Baleia — "pessoa da família, sabida como gente" — parece viver o processo oposto de humanização, que chega ao ápice no momento de sua morte, tanto física quanto psicologicamente: "andou em dois pés como gente", "uma angústia apertou-lhe o pequeno coração". Mas não é verdade que a humanidade de Baleia seja maior do que a dos seres humanos, pois o efeito obtido pela degradação dos retirantes é também, paradoxalmente, o de sua humanização.

Como Baleia, Fabiano é um bicho manso, que cresceu obedecendo aos que mandavam, achando naturais os pontapés, e uma criatura inofensiva, pois sofre injustiças sem dizer nada, não possui a palavra com a qual possa se defender. A propósito da relação entre os capítulos "Baleia" e "Cadeia", Ieda Lebensztayn observou que a incapacidade de morder o dono, conforme desejou a cachorra, também ocorre quando o vaqueiro rejeita a ideia de se tornar cangaceiro e matar os donos do soldado amarelo.[14]

> Não poderia morder Fabiano: tinha nascido perto dele, numa camarinha, sob a cama de varas, e consumira a existência em submissão, ladrando para juntar o gado quando o vaqueiro batia palmas.[15]

Ao matar a cadela, talvez por excesso de precaução, Fabiano não sacrifica apenas uma criatura considerada "pessoa da família", mas é como se eliminasse a si mesmo. De acordo com Zenir Campos Reis, o cão fornece o espelho no qual o sertanejo mira o próprio rosto. É por essa razão que a morte de Baleia, bem mais do que a do papagaio, deixa os retirantes desnorteados: "A sombra dessa execução vai acompanhar todos os passos da família".[16] A morte da cachorra parece selar o destino ruim, a falta de perspectiva da família. Já na primeira história escrita para o livro, que depois se chamaria *Vidas secas*, Graciliano manifesta o seu pessimismo quanto ao destino dos retirantes.

Ao contrário do que apontam as interpretações otimistas, o que o final inconcluso do romance indica não é a superação dos obstáculos, sonhada por sinha Vitória, mas o cativeiro e a multiplicação de soldados amarelos que, no encerramento do capítulo "Festa", ocorrem no pesadelo de Fabiano: ainda que chegassem à terra civilizada, "ficariam presos nela".

Na perspectiva do narrador, o movimento do campo à cidade é ilusório. O futuro do pretérito, como escreveu Silviano Santiago, é "sinal de frustração" e "fulcro de um pessimismo basilar".[17] *Vidas secas*, com seus personagens que repetem os mesmos passos, aponta o imobilismo da sociedade brasileira, que não avança, que sempre dá voltas no mesmo ponto, como os animais que circulam em torno do moinho ou da bolandeira. País do futuro? O que o modo condicional exprime, ao contrário, é a ausência de futuro e a dureza da realidade.

A exemplo da obra cheia de "negativas" de Machado de Assis, o realismo crítico de Graciliano não compactua com ilusões de qualquer natureza, sobretudo as políticas. Não endossa o otimismo de uma construção imaginária da nação que não leva em conta o atraso histórico e as contradições constitutivas da realidade social. Mas a ironia é sempre bem-vinda, pois provoca reflexão. A grande literatura não é feita de belas palavras ou de boas intenções. A força da arte de Graciliano Ramos advém da negatividade e da míngua — das "coisas de não", como exprimiu João Cabral de Melo Neto. É daí que ela extrai o seu poder de atuar como despertador, a contrapelo, "sol sobre o olho".

NOTAS

INTRODUÇÃO

1. RAMOS, Graciliano. *Cartas*. Rio de Janeiro: Record, 1980. p. 141.
2. Ibidem. p. 197.
3. CARPEAUX, Otto Maria. "Amigo Graciliano". In: *Teresa: revista de literatura brasileira*. n.2. São Paulo: FFLCH-USP/Editora 34, 2001. p. 146.

O ESTILO É O HOMEM

1. MELO NETO, João Cabral de. "Graciliano Ramos:" (*Serial*). In: MELO NETO, João Cabral de. *Obra completa*. Rio de Janeiro: Nova Aguilar, 1994. p. 311.
2. CAMPOS, Haroldo de. "Arte pobre, tempo de pobreza, poesia menos". In: SCHWARZ, Roberto (org.). *Os pobres na literatura brasileira*. São Paulo: Brasiliense, 1983. p. 185.
3. LINS, Osman. "Homenagem a Graciliano Ramos". In: BRAYNER, Sônia (org.). *Graciliano Ramos*. col. Fortuna Crítica. Rio de Janeiro: Civilização Brasileira, 1978. p. 189.

4. ROMERO, Sílvio. *Machado de Assis — estudo comparativo de literatura brasileira*. Campinas: Editora da Unicamp, 1992. p. 122.

5. MORÃO, Artur. "Apresentação". In: BUFFON, George-Louis L. de. *Discurso sobre o estilo*. Covilhã: Universidade da Beira Interior, 2011. Disponível em <www.lusosofia.net/textos/bufon_george_louis_discurso_sobre_o_estilo.pdf>. Acesso: 9 maio 2016.

6. RAMOS, Graciliano. *São Bernardo*. Rio de Janeiro: Record, 1985.

7. Ibidem.

8. Ibidem.

9. LAFETÁ, João Luiz. "O mundo à revelia". In: LAFETÁ, João Luiz. *A dimensão da noite*. São Paulo: Duas Cidades/Editora 34, 2004. p. 75.

10. RAMOS, Graciliano. *São Bernardo*. Rio de Janeiro: Record, 1985.

11. LAFETÁ, João Luiz. . "O mundo à revelia". In: LAFETÁ, João Luiz. *A dimensão da noite*. São Paulo: Duas Cidades/Editora 34, 2004. p. 97.

12. LINS, Álvaro. "Valores e misérias das vidas secas" (posfácio). In: RAMOS, Graciliano. *Vidas secas*. Rio de Janeiro: Record, 1980. p. 147.

13. LINS, Osman. "Homenagem a Graciliano Ramos". In: BRAYNER, Sônia (org.). Graciliano Ramos. col. Fortuna Crítica. Rio de Janeiro: Civilização Brasileira, 1978. p. 189.

14. RAMOS, Graciliano. *São Bernardo*. Rio de Janeiro: Record, 1985. p. 10.

BIOGRAFIA E CARREIRA LITERÁRIA

1. SENNA, Homero. "Revisão do Modernismo". In: BRAYNER, Sônia. (org.). Graciliano Ramos. col. Fortuna Crítica. Rio de Janeiro: Civilização Brasileira, 1978. pp. 49-51.

2. RAMOS apud FACIOLI, Valentim. "Um homem bruto da terra". In: GARBUGLIO, José Carlos et. al. *Graciliano Ramos*. São Paulo: Ática, 1987. p. 24.

3. REGO apud SENNA, Homero. Op. cit. p. 49.

NOTAS

4. RAMOS, Graciliano. "Relatório ao Governo do Estado de Alagoas" (1929). In: RAMOS, Graciliano. *Viventes das Alagoas*. Rio de Janeiro: Record, 1980. p. 172.

5. Idem. *Linhas tortas*. Rio de Janeiro: Record, 1994. p. 8.

VISÃO GERAL DA OBRA: FICÇÃO E CONFISSÃO

1. RAMOS, Graciliano. *Caetés*. Rio de Janeiro: Record, 2012, p. 23.

2. CANDIDO, Antonio. "Ficção e confissão". In: CANDIDO, Antonio. *Ficção e confissão: ensaios sobre Graciliano Ramos*. São Paulo: Editora 34, 1992. p. 63.

3. SENNA, Homero. Op. cit. p. 55.

4. RAMOS, Graciliano. "Alguns tipos sem importância". In: RAMOS, Graciliano. *Linhas tortas*. Op. cit. p. 192.

5. BUENO, Luís. "O herói por contraste de Caetés". In: *Folha de S.Paulo*. Caderno Mais! 9 mar. 2003. p. 16.

6. BOSI, Alfredo. *História concisa da literatura brasileira*. São Paulo: Cultrix, 1994. p. 392.

7. RAMOS, Graciliano. *São Bernardo*. Op. cit. p. 11.

8. Ibidem, p. 130.

9. CARPEAUX apud BOSI, Alfredo. "A escrita do testemunho em *Memórias do cárcere*". In: BOSI, Alfredo. *Literatura e resistência*. São Paulo: Companhia das Letras, 2002. p. 226.

10. CANDIDO, Antonio. "A Revolução de 1930 e a cultura". In: CANDIDO, Antonio. *A educação pela noite e outros ensaios*. São Paulo: Ática, 1989. p. 196.

11. RAMOS, Graciliano. *São Bernardo*. Op. cit. p. 187.

12. RAMOS, Graciliano. *Angústia*. Rio de Janeiro: Record, 2008, p. 8.

13. BASTIDE, Roger. "Graciliano Ramos". In: *Teresa: revista de literatura brasileira*. n.2. São Paulo: FFLCH-USP/Editora 34, 2001. p. 136.

14. RAMOS, Graciliano. *Memórias do cárcere*. v.I. Rio de Janeiro: Record, 2001. p. 150.

15. BUENO, Luís. *Uma história do romance de 30*. São Paulo/Campinas: Edusp/Editora da Unicamp, 2006. p. 664.

METALINGUAGEM: O LIVRO DENTRO DO LIVRO

1. VELOSO, Caetano. *Verdade tropical*. São Paulo: Companhia das Letras, 1997. p. 247.
2. RAMOS, Graciliano. *Caetés*.
3. SANTIAGO, Silviano. "*A bagaceira*: fábula moralizante". In: SANTIAGO, Silviano. *Uma literatura nos trópicos*. São Paulo: Rocco, 2000. pp. 109-110.
4. RAMOS, GRACILIANO. *São Bernardo*. Rio de Janeiro: Record, 1985.
5. CARVALHO, Lúcia Helena. *A ponta do novelo*. São Paulo: Ática, 1983. pp. 20-26.
6. CANDIDO, Antonio. "Os bichos do subterrâneo". In: CANDIDO, Antonio. *Ficção e confissão: ensaios sobre Graciliano Ramos*. Op. cit. p. 80.
7. RAMOS, GRACILIANO. *Angústia*.
8. CARVALHO, Lúcia Helena. Op. cit. p. 30.

"DOIS CAPÍTULOS PERDIDOS": O NARRADOR NÃO CONFIÁVEL

1. RAMOS, Graciliano. "Carta a Heloísa de Medeiros Ramos" (1932). In: RAMOS, Graciliano. *Cartas*. Rio de Janeiro: Record, 1980. p. 124.
2. Ibidem. p. 130.
3. LAFETÁ, João Luiz. "O mundo à revelia". In: LAFETÁ, João Luiz. Op. cit. pp. 74-75.
4. BAPTISTA, Abel Barros. *O livro agreste*. Campinas: Editora da Unicamp, 2005. pp. 104-105.
5. Ibidem. p. 106.
6. ESPÍNOLA, Adriano. "Território de inventos". In: *Entrelivros*. ano II. n.19. nov. 2006. p. 52.

NOTAS

7. FACIOLI, Valentim. "Dettera: ilusão e verdade — sobre a (im)proprie-dade em alguns narradores de Graciliano Ramos". In: *Revista do Instituto de Estudos Brasileiros*. n.35. São Paulo: IEB/USP, 1993. p. 52.
8. Ibidem.
9. FRYE apud LAFETÁ, João Luiz. "Três teorias do romance". In: LAFETÁ, João Luiz. Op. cit. p. 289.

VIDAS SECAS: "ROMANCE DESMONTÁVEL"?

1. CANDIDO, Antonio. "50 anos de *Vidas secas*". In: CANDIDO, Antonio. *Ficção e confissão: ensaios sobre Graciliano Ramos*. Op. cit. p. 103.
2. RAMOS, Graciliano. "Alguns tipos sem importância". In: RAMOS, Graciliano. *Linhas tortas*. Op. cit. p. 192.
3. RAMOS apud CASTRO, Dácio Antônio de. Depoimento de 1944 a João Condé. In *Roteiro de leitura*: Vidas secas. São Paulo: Ática, 2002. p. 28.
4. PEREIRA apud BUENO, Luís. In: BUENO, Luís. *Uma história do romance de 30*. Op. cit. p. 642.
5. LINS, Álvaro. Op. cit. p. 152.
6. BRAGA, Rubem. "Vidas secas". In: *Teresa: revista de literatura brasileira*. n.2. São Paulo: FFLCH-USP/Editora 34, 2001. p. 127.
7. SANT'ANNA, Affonso Romano de. *Análise estrutural de romances brasileiros*. São Paulo: Ática, 1990. p. 145.
8. MALARD apud BUENO, Luís. In: BUENO, Luís. *Uma história do romance de 30*. Op. cit. p. 645.
9. LAFETÁ, João Luiz. "Três teorias do romance". In: LAFETÁ, João Luiz. Op. cit. p. 294.
10. CANDIDO, Antonio. "Ficção e confissão". In: CANDIDO, Antonio. *Ficção e confissão: ensaios sobre Graciliano Ramos*. Op. cit. p. 47.
11. BUENO, Luís. *Uma história do romance de 30*. Op. cit. p. 658.
12. CANDIDO, Antonio. "50 anos de *Vidas secas*". Op. cit. p. 107.
13. BUENO, Luís. *Uma história do romance de 30*. Op. cit. p. 662.

14. LANDIM, Teoberto. *Seca: a estação do inferno*. Fortaleza: UFC/Casa José de Alencar, 1992. pp. 113 e 237.
15. ANDRADE, Mário de. "Intelectual (I)". In: ANDRADE, Mário de. *Táxi e crônicas no* Diário Nacional (org. Telê Porto Ancona Lopez). São Paulo: Duas Cidades, 1976. p. 516.
16. RAMOS apud MIRANDA, Wander Melo. *Graciliano Ramos*. São Paulo: Publifolha, 2004. p. 43.

GRACILIANO RAMOS E JOÃO CABRAL DE MELO NETO

1. MELO NETO, João Cabral de. Op. cit. p. 311.
2. BAPTISTA, Abel Barros. Op. cit. pp. 91-96.
3. RAMOS, Graciliano. "Relatório ao Governo do Estado de Alagoas" (1929). Op. cit. p. 173.
4. Idem. *Caetés*. Rio de Janeiro: Record, 2012. p. 250.
5. Idem. "Segundo Relatório ao Sr. Governador Álvaro Paes" (1930). Op. cit. p. 184.
6. Idem. "Conversa de bastidores". In: RAMOS, Graciliano. *Linhas tortas*. Op. cit. p. 240.
7. Idem. *Conversas* (orgs. Ieda Lebensztayn e Thiago Mio Salla). Rio de Janeiro: Record, 2014. p. 77.
8. Idem. "Carta a Heloísa de Medeiros Ramos" (1º set. 1932). In: RAMOS, Graciliano. *Cartas*. Op. cit. p. 119.
9. Idem. "Uma palestra". In: RAMOS, Graciliano. *Linhas tortas*. Op. cit. p. 268.
10. RAMOS, Ricardo. "Lembrança de Graciliano". In: GARBUGLIO, José Carlos et. al. Op. cit. p. 13.
11. RAMOS, Graciliano. *Cartas*. Op. cit. p. 157.
12. GARBUGLIO, José Carlos. "Mesa-redonda". In: GARBUGLIO, José Carlos et. al. Op. cit. p. 431.
13. RAMOS, Graciliano. *Angústia*. Rio de Janeiro: Record, 2008. p. 106.

14. Ibidem. p. 96.

15. RAMOS, Graciliano. "Antônio Olavo". In: RAMOS, Graciliano. *Linhas tortas*. Op. cit. p. 256.

MONÓLOGO INTERIOR EM *SÃO BERNARDO* E *ANGÚSTIA*

1. ESPÍNOLA, Adriano. Op. cit. p. 52.

2. MIRANDA, Wander Melo. Op. cit. p. 27.

3. RAMOS, Graciliano. *São Bernardo*. Rio de Janeiro: Record, 1985. p. 101.

4. Ibidem. p. 102.

5. Ibidem. p. 102.

6. Ibidem. p. 103

7. Ibidem. p.104.

8. RAMOS apud FACIOLI, Valentim. "Um homem bruto da terra". Op. cit. p. 48.

9. RAMOS, Graciliano. *São Bernardo*. Op. cit. p. 104.

10. LAFETÁ, João Luiz. "O mundo à revelia". In: LAFETÁ, João Luiz. Op. cit. p. 93.

11. LINS, Álvaro. Op. cit. pp. 146-147.

12. MENEZES, Adélia Bezerra. "A angústia, em Angústia, de Graciliano Ramos". In: MENEZES, Adélia Bezerra. *Do poder da palavra: ensaios de literatura e psicanálise*. São Paulo: Duas Cidades, 1995. p. 171.

13. RAMOS apud CARVALHO, Lúcia Helena. Op. cit. p. 22.

14. RAMOS, Graciliano. *Memórias do cárcere*. v.I. Rio de Janeiro: Record, 2001. pp. 266-267.

15. RAMOS apud CANDIDO, Antonio. Op. cit. p. 8.

16. Ibidem. p. 33.

17. LINS, Álvaro. Op. cit. p. 150.

18. CANDIDO, Antonio. "Ficção e confissão". In: CANDIDO, Antonio. *Ficção e confissão: ensaios sobre Graciliano Ramos*. Op. cit. pp. 58-59.

19. COUTINHO, Carlos Nelson. "Graciliano Ramos". In: BRAYNER, Sônia. Op. cit. p. 103.

FRACASSO E DECADÊNCIA: O LUGAR DO INTELECTUAL

1. RAMOS, Ricardo. Op. cit. p. 18.
2. RAMOS, Graciliano. *Angústia*. Op. cit. p. 91.
3. RAMOS, Ricardo. Op. cit. p. 14..
4. ANDRADE, Mário de. "A elegia de abril". In: ANDRADE, Mário de. *Aspectos da literatura brasileira*. São Paulo: Martins, 1974. p. 191.
5. CANDIDO, Antonio. "Um romancista da decadência". In: CANDIDO, Antonio. *Brigada ligeira e outros escritos*. São Paulo: Editora da Unesp, 1992. p. 61.
6. Idem. "Prefácio". In: MICELI, Sergio. *Intelectuais à brasileira*. São Paulo: Companhia das Letras, 2001. p. 75.
7. RAMOS, Graciliano. *Memórias do cárcere*. v.II. Op. cit. p. 253.
8. SCHWARZ, Roberto. "Cultura e política, 1964-1969". In: SCHWARZ, Roberto. *O pai de família e outros estudos*. São Paulo: Companhia das Letras, 2008. p. 110.
9. GLEDSON, John. "O funcionário público como narrador: *O amanuense Belmiro* e *Angústia*". In: GLEDSON, John. *Influências e impasses: Drummond e alguns contemporâneos* (trad. Frederico Dentello). São Paulo: Companhia das Letras, 2003. pp. 204-205.
10. ANJOS, Cyro dos. *O amanuense Belmiro*. São Paulo: Globo, 2006. p. 197.
11. RAMOS, Graciliano. *Angústia*. Op. cit. p. 271.
12. CANDIDO, Antonio. "Ficção e confissão". In: CANDIDO, Antonio. *Ficção e confissão: ensaios sobre Graciliano Ramos*. Op. cit. p. 34.
13. RAMOS, Graciliano. *Angústia*. Op. cit. p. 248.
14. MICELI, Sergio. *Intelectuais à brasileira*. Op. cit. p. 160.
15. CARVALHO, Lúcia Helena de. Op. cit. p. 71.
16. ANDRADE, Mário de. Op. cit. p. 190.

NOTAS

17. CARPEAUX, Otto Maria. "Autenticidade do romance brasileiro". In: CARPEAUX, Otto Maria. *Ensaios reunidos (1942-1978)*. v.1. Rio de Janeiro: Topbooks, 1999. p. 884.

VIOLÊNCIA E RESSENTIMENTO

1. RAMOS, Graciliano. *Cartas*. Op. cit. p. 194.
2. RAMOS apud LEBENSZTAYN, Ieda. *Graciliano Ramos e a* Novidade: *o astrônomo do inferno e os meninos impossíveis*. São Paulo: Hedra, 2010. p. 377.
3. MIRANDA, Wander Melo. Op. cit. p. 41.
4. CANDIDO, Antonio. "Ficção e confissão". In: CANDIDO, Antonio. *Ficção e confissão: ensaios sobre Graciliano Ramos*. Op. cit. p. 46.
5. Idem. "Os bichos do subterrâneo". In: CANDIDO, Antonio. *Ficção e confissão: ensaios sobre Graciliano Ramos*. Op. cit. p. 87.
6. BRAGA, Rubem. Op. cit. p. 127.
7. RAMOS apud FACIOLI, Valentim. "Um homem bruto da terra". In: GARBUGLIO, José Carlos et. al. Op. cit. p. 64.
8. LINS, Álvaro. Op. cit. pp. 154-155.
9. RAMOS, Graciliano. *Vidas secas*. Op. cit. p. 27.
10. LEBENSZTAYN, Ieda. Op. cit. p. 366.
11. LEBENSZTAYN, Ieda. Op. cit. pp. 359-360.
12. RAMOS, Graciliano. *Angústia*. Op. cit. p. 261.
13. KEHL, Maria Rita. "O ressentimento camuflado da sociedade brasileira". In: *Novos estudos*. n.71. São Paulo: Cebrap. mar. 2005. p. 163.
14. RAMOS, Graciliano. *Vidas secas*. Op. cit. p. 66.
15. RAMOS, Graciliano. *Vidas secas*. Op. cit. p. 100-101.
16. KEHL, Maria Rita. Op. cit. p. 172.
17. CHAUI, Marilena. *Conformismo e resistência: aspectos da cultura popular no Brasil*. São Paulo: Brasiliense, 1986. pp. 167-168.
18. KEHL, Maria Rita. Op. cit. p. 180.
19. RAMOS, Graciliano. *Memórias do cárcere*. v.I. Op. cit. p. 83.
20. RAMOS, Graciliano. *Vidas secas*. Op. cit. p. 111.

A REPRESENTAÇÃO DA MULHER

1. RAMOS, Graciliano. *São Bernardo*. Op. cit. p. 75.
2. BAPTISTA, Abel Barros. Op. cit. p. 109.
3. RAMOS, Graciliano. *São Bernardo*. Op. cit. p. 110.
4. BUENO, Luís. *Uma história do romance de 30*. Op. cit. p. 284.
5. RAMOS, Graciliano. *Ideias novas* (1º quadro). Apud Christina Barros Riego. *Do futuro e da morte do teatro brasileiro: revistas literárias e culturais do período modernista (1922-1942)*. São Paulo: Hedra, 2010. pp. 478-479.
6. LOPEZ, Telê Porto Ancona. *Mário de Andrade: ramais e caminho*. São Paulo: Duas Cidades, 1972. p. 155.
7. TELES, Gilberto Mendonça. "A escrituração da escrita: uma leitura dos romances de Graciliano Ramos". In: TELES, Gilberto Mendonça. *A escrituração da escrita*. Petrópolis: Vozes, 1996. p. 410.
8. MIRANDA, Wander Melo apud VIANNA, Lúcia Helena. *Roteiro de leitura: São Bernardo*. São Paulo: Ática, 1997. p. 60.
9. RAMOS, Graciliano. *São Bernardo*. Op. cit. p. 133-134.
10. FACIOLI, Valentim. "Dettera: ilusão e verdade — sobre a (im)propriedade em alguns narradores de Graciliano Ramos". Op. cit. pp. 57-60.

REALISMO CRÍTICO

1. CHEVALIER, Jean; GHEERSBRANT, Alain. *Dicionário de símbolos* (trad. Vera da Costa e Silva et. al.). Rio de Janeiro: José Olympio, 2008. p. 801.
2. RAMOS, Graciliano. *Vidas secas*. Op. cit. p. 19-20.
3. Ibidem. p. 75.
4. SANCHES NETO, Miguel. "A descoberta da linguagem". In: *Entrelivros*. n.19. nov. 2006. p. 48. Também ROCHA, João Cézar de Castro. "Vidas secas ou a atrofia da palavra". In: *Folha de S.Paulo*. Caderno Mais! mar. 2003, p. 18.
5. RAMOS, Graciliano. *Vidas secas*. Op. cit. p. 126.

NOTAS

6. GARBUGLIO, José Carlos. "Mesa-Redonda". In: GARBUGLIO, José Carlos et. al. Op. cit. p. 433.

7. BOSI, Alfredo. "Céu, inferno". In: BOSI, Alfredo. *Céu, inferno*. São Paulo: Ática, 1988. p. 25.

8. RAMOS, Graciliano. *Vidas secas*. Op. cit. p. 61.

9. RAMOS, Graciliano. *Infância*. Rio de Janeiro: Record, 2010. p. 210.

10. LAFETÁ, João Luiz. "Três teorias do romance". In: LAFETÁ, João Luiz. Op. cit. p. 293.

11. Ibidem. p. 290.

12. REIS, Zenir Campos. "Tempos futuros". In: *Revista do Instituto de Estudos Brasileiros*. n.35. São Paulo: IEB/USP, 1993. p. 80.

13. RAMOS, Graciliano. *Vidas secas*.

14. LEBENSZTAYN, Ieda. Op. cit. pp. 368-369.

15. RAMOS, Graciliano. *Vidas secas*.

16. REIS, Zenir Campos. Op. cit. p. 87.

17. SANTIAGO, Silviano. "Posfácio". In: RAMOS, Graciliano. *Angústia*. Rio de Janeiro: Record, 2008. pp. 298-299.

REFERÊNCIAS BIBLIOGRÁFICAS

1. DE GRACILIANO RAMOS

RAMOS, Graciliano. *Caetés*. Rio de Janeiro: Record, 2012.

_____. *Ideias novas* (1º quadro). Apud RIEGO, Christina Barros. *Do futuro e da morte do teatro brasileiro: revistas literárias e culturais do período modernista (1922-1942)*. São Paulo: Hedra, 2010.

_____. *Infância*. Rio de Janeiro: Record, 2010.

_____. *Angústia*. Rio de Janeiro: Record, 2008.

_____. *Memórias do cárcere*, v. 1 e 2. Rio de Janeiro: Record, 2001.

_____. *Linhas tortas*. Rio de Janeiro: Record, 1994.

_____. *São Bernardo*. Rio de Janeiro: Record, 1985.

_____. *Vidas secas*. Rio de Janeiro: Record, 1980.

_____. "Carta a Heloísa de Medeiros Ramos" (1932). In: RAMOS, Graciliano. *Cartas*. Rio de Janeiro: Record, 1980.

_____.. "Relatório ao Governo do Estado de Alagoas". In: RAMOS, Graciliano. *Viventes das Alagoas*. Rio de Janeiro: Record, 1980.

_____. *Cartas*. Rio de Janeiro: Record, 1980.

2. DEMAIS REFERÊNCIAS

ANDRADE, Mário de. "A elegia de abril". In: ANDRADE, Mário de. *Aspectos da literatura brasileira*. São Paulo: Martins, 1974.

_____. "Intelectual (1)". In: ANDRADE, Mário de. *Táxi e crônicas no Diário Nacional* (org. Telê Porto Ancona Lopez). São Paulo: Duas Cidades, 1976.

ANJOS, Cyro dos. *O amanuense Belmiro*. São Paulo: Globo, 2006.

BAPTISTA, Abel Barros. *O livro agreste*. Campinas: Editora da Unicamp, 2005.

BASTIDE, Roger. "Graciliano Ramos". In: *Teresa: revista de literatura brasileira*. n.2. São Paulo: FFLCH-USP/Editora 34, 2001. p. 136.

BOSI, Alfredo. "A escrita do testemunho em *Memórias do cárcere*". In: BOSI, Alfredo. *Literatura e resistência*. São Paulo: Companhia das Letras, 2002.

_____.. *História concisa da literatura brasileira*. São Paulo: Cultrix, 1994.

_____. "Céu, inferno". In: BOSI, Alfredo. *Céu, inferno*. São Paulo: Ática, 1988.

BRAGA, Rubem. "Vidas secas". In: *Teresa: revista de literatura brasileira*. n.2. São Paulo: FFLCH-USP/Editora 34, 2001. p. 136.

BUENO, Luís. *Uma história do romance de 30*. São Paulo/Campinas: Edusp/Editora da Unicamp, 2006.

_____. "O herói por contraste de Caetés". In: *Folha de S.Paulo*, Caderno Mais!. 9 mar. 2003. p. 16.

CAMPOS, Haroldo de. "Arte pobre, tempo de pobreza, poesia menos". In: SCHWARZ, Roberto (org.). *Os pobres na literatura brasileira*. São Paulo: Brasiliense, 1983.

CANDIDO, Antonio. "Prefácio". In: MICELI, Sergio. *Intelectuais à brasileira*. São Paulo: Companhia das Letras, 2001.

_____. "Um romancista da decadência". In: CANDIDO, Antonio. *Brigada ligeira e outros escritos*. São Paulo: Editora da Unesp, 1992.

_____. "Ficção e confissão". In: CANDIDO, Antonio. *Ficção e confissão: ensaios sobre Graciliano Ramos*. São Paulo: Editora 34, 1992.

_____. "A Revolução de 1930 e a cultura". In: CANDIDO, Antonio. *A educação pela noite e outros ensaios*. São Paulo: Ática, 1989.

REFERÊNCIAS BIBLIOGRÁFICAS

CARPEAUX, Otto Maria. "Amigo Graciliano". In: *Teresa: revista de literatura brasileira*. n.2. São Paulo: FFLCH-USP/Editora 34, 2001. p. 146.

_____. "Autenticidade do romance brasileiro". In: CARPEAUX, Otto Maria. *Ensaios reunidos (1942-1978)*. v.1. Rio de Janeiro: Topbooks, 1999.

CARVALHO, Lúcia Helena. *A ponta do novelo*. São Paulo: Ática, 1983.

CASTRO, Dácio Antônio de. *Roteiro de leitura:* Vidas secas. São Paulo: Ática, 2002.

CHAUI, Marilena. *Conformismo e resistência: aspectos da cultura popular no Brasil*. São Paulo: Brasiliense, 1986.

CHEVALIER, Jean; GHEERSBRANT, Alain. *Dicionário de símbolos* (trad. Vera da Costa e Silva et. al.). Rio de Janeiro: José Olympio, 2008.

ESPÍNOLA, Adriano. "Território de inventos". In: *Entrelivros*. ano II. n.19. nov. 2006. p. 52.

FACIOLI, Valentim. "Dettera: ilusão e verdade — sobre a (im)propriedade em alguns narradores de Graciliano Ramos". In: *Revista do Instituto de Estudos Brasileiros*. n.35. São Paulo: IEB/USP, 1993. p. 52.

_____. "Um homem bruto da terra". In: GARBUGLIO, José Carlos et. al. *Graciliano Ramos*. São Paulo: Ática, 1987.

GLEDSON, John. "O funcionário público como narrador: *O amanuense Belmiro* e *Angústia*". In: GLEDSON, John. *Influências e impasses: Drummond e alguns contemporâneos* (trad. Frederico Dentello). São Paulo: Companhia das Letras, 2003.

KEHL, Maria Rita. "O ressentimento camuflado da sociedade brasileira". In: *Novos estudos*. n.71. São Paulo: Cebrap, mar. 2005. p. 163.

LAFETÁ, João Luiz. *A dimensão da noite*. São Paulo: Duas Cidades/Editora 34, 2004.

LANDIM, Teoberto. *Seca: a estação do inferno*. Fortaleza: UFC/Casa José de Alencar, 1992.

LEBENSZTAYN, Ieda. *Graciliano Ramos e a* Novidade: *o astrônomo do inferno e os meninos impossíveis*. São Paulo: Hedra, 2010.

LINS, Osman. "Homenagem a Graciliano Ramos". In: BRAYNER, Sônia (org.). *Graciliano Ramos*. col. Fortuna Crítica. Rio de Janeiro: Civilização Brasileira, 1978.

LINS, Álvaro. "Valores e misérias das vidas secas" (posfácio). In: RAMOS, Graciliano. *Vidas secas*. Rio de Janeiro: Record, 1980.

LOPEZ, Telê Porto Ancona. *Mário de Andrade: ramais e caminho*. São Paulo: Duas Cidades, 1972.

MELO NETO, João Cabral de. "Graciliano Ramos:" (*Serial*). In: MELO NETO, João Cabral de. *Obra completa*. Rio de Janeiro: Nova Aguilar, 1994.

MENEZES, Adélia Bezerra de. "A angústia, em *Angústia*, de Graciliano Ramos". In: MENEZES, Adélia Bezerra de. *Do poder da palavra: ensaios de literatura e psicanálise*. São Paulo: Duas Cidades, 1995.

MIRANDA, Wander Melo. *Graciliano Ramos*. São Paulo: Publifolha, 2004.

MORÃO, Artur. "Apresentação". In: BUFFON, George-Louis L. de. *Discurso sobre o estilo*. Covilhã: Universidade da Beira Interior, 2011. Disponível em <www.lusosofia.net/textos/bufon_george_louis_discurso_sobre_o_estilo.pdf>. Acesso: 9 maio 2016.

REIS, Zenir Campos. "Tempos futuros". In: *Revista do Instituto de Estudos Brasileiros*. n.35. São Paulo: IEB/USP, 1993. p. 80.

ROCHA, João Cézar de Castro. "Vidas secas ou a atrofia da palavra". In: *Folha de S.Paulo*. Caderno Mais! mar. 2003. p. 18.

ROMERO, Sílvio. *Machado de Assis — estudo comparativo de literatura brasileira*. Campinas: Editora da Unicamp, 1992.

SANCHES NETO, Miguel. "A descoberta da linguagem". In: *Entrelivros*. n.19. nov. 2006.

SANT'ANNA, Affonso Romano de. *Análise estrutural de romances brasileiros*. São Paulo: Ática, 1990.

SANTIAGO, Silviano. "Posfácio". In: RAMOS, Graciliano. *Angústia*. Rio de Janeiro: Record, 2008.

_____. "*A bagaceira*: fábula moralizante". In: SANTIAGO, Silviano. *Uma literatura nos trópicos*. São Paulo: Rocco, 2000.

SCHWARZ, Roberto. "Cultura e política, 1964-1969". In: SCHWARZ, Roberto. *O pai de família e outros estudos*. São Paulo: Companhia das Letras, 2008.

SENNA, Homero. "Revisão do Modernismo". In: BRAYNER, Sônia (org.). *Graciliano Ramos*. col. Fortuna Crítica. Rio de Janeiro: Civilização Brasileira, 1978.

REFERÊNCIAS BIBLIOGRÁFICAS

TELES, Gilberto Mendonça. "A escrituração da escrita: uma leitura dos romances de Graciliano Ramos. In: TELES, Gilberto Mendonça. *A escrituração da escrita*. Petrópolis: Vozes, 1996.

VELOSO, Caetano. *Verdade tropical*. São Paulo: Companhia das Letras, 1997.

VIANNA, Lúcia Helena. *Roteiro de leitura:* São Bernardo. São Paulo: Ática, 1997.

CONHEÇA TAMBÉM:

para amar
Clarice

COMO DESCOBRIR E APRECIAR OS ASPECTOS MAIS INOVADORES DE SUA OBRA

COMO APRECIAR OS ASPECTOS MAIS IMPORTANTES DA LITERATURA DE UM GRANDE ESCRITOR?

A obra de Clarice Lispector é elogiada, com distinção, por muitos aspectos: a densidade na busca dos mais profundos mistérios humanos, seu incrível tom ao mesmo tempo de conversa ligeira e de refinamento metafísico, o pacto que constrói com o leitor colocando a Literatura a serviço da nossa existência. Questões amplamente encontradas em seus livros e que lhe conferem destaque dentre os autores mais importantes de nossa Literatura.

MAS COMO OBSERVAR ISSO?

Emilia Amaral desdobra e analisa as principais marcas literárias de Clarice, mostrando, a partir de fragmentos extraídos de diversas obras, como elas estão presentes no texto, para que você, leitor, possa compreender melhor a arte de sua escrita.

E, a partir desses "momentos" apresentados no livro, oferecer para a sua leitura elementos que a tornarão mais intensa, profunda, para você AMAR, ainda mais, Clarice Lispector.

> "Enquanto eu tiver perguntas e não respostas... continuarei a escrever."
>
> **CLARICE LISPECTOR**

A História concisa da Literatura alemã

Otto Maria Carpeaux

Goethe, Rilke, Schopenhauer, Kant, Thomas Mann, Kafka, Irmãos Grimm, Herman Hesse, Schiller, Brecht, Nietzshe e tantos outros. A história da literatura do mundo pelos grandes escritores alemães.

"Em sua excelente história da literatura alemã (a melhor já produzida no Brasil) Otto Maria Carpeaux considera 'Tonio Kroeger' um texto-chave para a compreensão das grandes narrativas de Thomas Mann. Sem dúvida é uma pequena obra-prima e no seu traçado sutil e preciso, onde se generaliza toda uma experiência estética, cultural e afetiva, toma corpo uma realidade essencial, alusiva e cambiante como as asas de uma borboleta."

"A importância desse livro tem sido confirmada pelo interesse público e pela constância com que são usados em sala de aula ou mencionados nos mestrados e doutorados das nossas universidades. Sua qualidade, no entanto, ainda não parece ter sido alvo de uma avaliação fina, à altura do seu padrão de exigência — capaz de mostrar, por exemplo, o 'rigor clássico' do talento de narrador de Otto Maria."

Extraído de artigo de Modesto Carone, publicado na *Folha de S.Paulo*.

Inclui o capítulo, À Sombra do Muro, do Prof. Willi Bolle (FFLCH-USP) que complementa com o panorama da literatura dos anos 1960 a 1990.

ASSINE NOSSA NEWSLETTER E RECEBA INFORMAÇÕES DE TODOS OS LANÇAMENTOS

www.faroeditorial.com.br

ESTA OBRA FOI IMPRESSA PELA VOX GRÁFICA EM AGOSTO DE 2017